子ども理解からはじめる
感覚統合遊び

保育者と作業療法士のコラボレーション

加藤寿宏●監修

NARA感覚統合研究会
高畑脩平
萩原広道
田中佳子
大久保めぐみ●編著

はじめに

　2016年7月に『乳幼児期の感覚統合遊び』を出版してから3年が経過しました。前書の特徴は、1）感覚統合理論に基づく発達の捉え方をわかりやすく、かつ実践的に示したこと、2）保育園での「遊び」を作業療法の視点から分析し、その発達的意義を示したこと、の2点が主でありました。

　ありがたいことに、「発達の道筋を理解できた」「普段の保育活動に、発達的意義がつけ加わり自信がついた」などのうれしい声をたくさんいただきました。一方で、「遊びの発達的意義は理解できたが、気になる子が設定した遊びに参加できなくて困っている」という声も聞かれました。前書では、「気になる子」や「障害」という言葉をあえて使わず、すべての子どもの発達にとって大切な感覚統合の視点を強調しました。その目的は前書で一定果たせたと捉え、本書では「保育現場で見られる子どもの気になる行動」に焦点を当てた内容で構成しました。Part 1に「感覚統合とは？」、Part 2に「保育活動――トラブル別感覚統合遊び」を配置しました。気になる行動に対して、How toの対応策のみを示すのではなく、「なぜそのような行動になるのか？」と子どもの行動の理由を理解することから始め、支援の方向性を提示し、それをさらに集団遊びに応用する、という流れで記載しています。

　NARA感覚統合研究会は、保育者と作業療法士が互いの専門性をかけ合わせながら、子どもにとってよりよい関わりや環境のあり方を模索し、実践している研究会です（詳細はp.130を参照）。本書の作成にあたっては、その強みを活かし、作業療法士からの提案だけにとどまらず、保育者のねらいや保育現場での実現可能性についても考慮するよう心がけました。子どもを中心に据えて、「コラボレーション」と「現場」にこだわってつくった本書が、読者のみなさまの助けとなれば幸いです。

　　　2019年6月

執筆者一同

● はじめに　　　　　　　　　　　　　　　　　　　　　　　3

Part 1　感覚統合とは？　　　　　　　　　　　　　　5

01　感覚統合理論とは？　　　　　　　　　　　　　　　6
02　感覚統合における 3 つの原則　　　　　　　　　　　7
03　感覚統合の基礎となる感覚　　　　　　　　　　　　10
　　（1）触覚…10　（2）固有受容覚…14　（3）前庭覚…18

Part 2　保育活動 ──トラブル別感覚統合遊び　　23

　　保育活動のページについて　　　　　　　　　　　　24
01　子どもの特性は十人十色　　　　　　　　　　　　26
02　Part 2 に出てくる子どもの10タイプ　　　　　　　28

感覚の調整に関するトラブル　　　　　　　　　　　31
● 感覚の調整に関するトラブルとは？　　　　　　　　32
● 感覚に起因する覚醒・情緒の問題　　　　　　　　　33
❶ マイペースな　ぼんやりタイプ（低反応）　　　　　34
❷ 刺激を欲する　ガンガンタイプ（感覚探求）　　　　42
❸ 不安になりやすい　ビクビクタイプ　❹ ストレスがたまりやすい　イライラタイプ（過反応）　56

感覚の識別・フィルターに関するトラブル　　　　　63
● 感覚の識別に関するトラブルとは？　　　　　　　　64
● 感覚のフィルターに関するトラブルとは？　　　　　65
❺ 違いに気づきにくい　わかんないタイプ（識別・フィルターの問題）　66

感覚に起因する姿勢・運動のトラブル　　　　　　　76
● 感覚に起因する姿勢・運動のトラブルとは？　　　　77
❻ 姿勢を保てない　ぐにゃぐにゃタイプ（姿勢の問題）　78
❼ 身体の動きがおぼつかない　ギコチナイタイプ（ボディイメージの問題）　88
❽ 手先が不器用な　ブキッチョタイプ（微細運動の問題）　102
❾ 両手動作が不器用な　両手ブキッチョタイプ（両手の強調動作の問題）　110
❿ 動きを目で追えない　どこいったタイプ（眼球運動の問題）　118

● 感覚統合のトラブル　タイプ別「よく見られる姿」…128　　● 引用・参考文献…132

● おわりに　　　　　　　　　　　　　　　　　　　　134

Column

・豊かな感覚は豊かな脳を育む … 7
・発達するとは？ … 9
・「ボディイメージ」について …11
・触覚体験と情緒の発達 …13
・段階づけとは？ …25
・「障害」はどこにある？ …27
・「平等」と「公平」 …30

・過剰に感覚刺激を取り入れる 2 つの理由 …51
・偏食と過反応 …57
・園でのビクビクタイプ⇄家でのイライラタイプ …58
・圧迫刺激と鎮静効果 …59
・安心・安全を基盤にした活動へのチャレンジ …61
・マズローの欲求の階層 …62

Part 1
感覚統合とは？

Part 1 感覚統合とは？

01 感覚統合理論とは？

　米国の作業療法士であるエアーズ博士は、人間の発達や行動を、脳における感覚情報の統合という視点から捉えて感覚統合理論をつくりました。感覚統合理論は、子どもの発達、行動、学習を支援するうえで大切な視点を与えてくれます。

　「脳」というと難しく聞こえますが、脳の発達には、子どもも大人も「楽しい活動」「ちょうどよいチャレンジとなる活動」（p.25コラム参照）に自分から取り組み、「成功したときの達成感」を得ることが重要だといわれています。

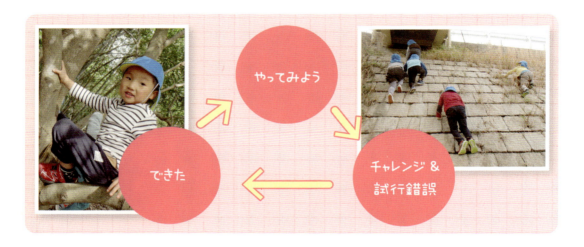

　したがって、感覚統合理論では、子どもたちが「楽しい」と思えるような活動を提供することを重視しています。

　感覚統合理論には、以下の3つの大切な原則があります。

原則 1	原則 2	原則 3
感覚は脳の栄養素である	感覚入力には交通整理が重要である	感覚統合は積み木を積み上げるように発達する

6

Part 1 感覚統合とは？

02 感覚統合における3つの原則

1 感覚は脳の栄養素である

「感覚」と聞いて思い浮かぶのはどの感覚でしょうか？

真っ先に思い浮かぶのは、視覚、聴覚、嗅覚、味覚、触覚の5感ではないでしょうか？

これらの他にも、固有受容覚、前庭覚という2つの重要な感覚があります。

つまり、合計7つの感覚を栄養素として脳は発達していきます。

エアーズ博士は、これら7つの感覚の中で、特に重要な感覚として触覚・固有受容覚・前庭覚を挙げています。これら3つの感覚については後で詳しく紹介します。

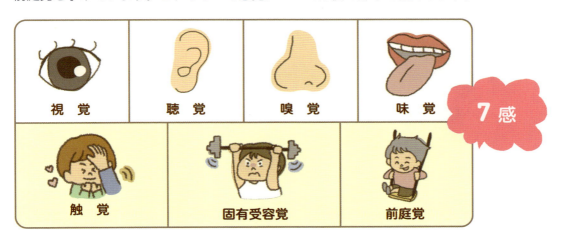

Column　豊かな感覚は豊かな脳を育む

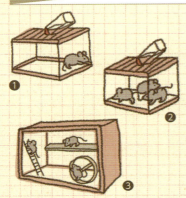

感覚が脳の発達において重要であることを示した有名な実験があります（Volkmar & Greenough, 1972）。ネズミを3つの条件下で育てました。

❶乏しい感覚条件（狭い部屋＋遊具なし＋孤独）
❷一般的な感覚条件（狭い部屋＋遊具なし＋複数のネズミと一緒）
❸豊かな感覚条件（広い部屋＋遊具あり＋複数のネズミと一緒）

その結果、豊かな感覚条件で育ったネズミの脳は、乏しい感覚条件で育ったネズミの脳よりも約10％も重くなりました。

このように、豊かな感覚は豊かな脳を育む可能性があります。

2 感覚入力には交通整理が重要である

　感覚は脳の栄養素であり、豊かな感覚は脳の発達に重要な役割を果たしています。
　しかし、量が多ければよいというわけではありません。次に重要となるのは「交通整理」です。つまり、感覚を感じ、脳に届けるまでの道が混雑することなく整理されている必要があります。

　例えば、私たちが騒がしいレストランで会話をすることを考えてみましょう。
　たくさんの声（音の刺激）の中から、会話の相手の声に耳を傾け、それ以外の声や音は意識しないようにしているはずです。これは、必要な情報と必要でない情報を交通整理した結果できていることです。
　一方、交通整理が難しいと、会話の相手の声以外にも他の客の話し声やお皿を置くときの音、食べる音なども耳から拾ってしまうため、集中して会話することができなくなります。そのような人は、騒がしいレストランで食事をすること自体が苦手であったり、カフェで勉強しようとは到底思えなかったりするかもしれません。
　園での生活を想定しても、保育者の話を聞くときに、必要でない声や音を耳から拾ってしまうために集中しにくくなっている子どももいると思います。「話を聞きなさい」と注意するのではなく、交通整理を助ける方法を考えていくことが大切です。

③ 感覚統合は積み木を積み上げるように発達する

　感覚統合理論をつくったエアーズ博士は、「読み書きが苦手な子に、読み書きの練習をくり返し行う」という支援方法に疑問をもち、読み書きの基盤には何があるのか、すなわち読み書きはどのように発達するのかを実践と研究から明らかにしました。感覚統合は積み木を積み上げるように発達します（詳細は前書『乳幼児期の感覚統合遊び』参照）。読み書きなどの教科学習や言葉の遅れ、手先の不器用さなどの目に見えやすい問題は、ピラミッドの上の方の問題です。しかし、これらの問題に対する支援では、その土台になっている感覚・運動面へのアプローチこそが重要になります。

　また、感覚統合理論では、子ども自身の力で積み木を積み上げることを重視しています。大人から一方的に教え込まれるのではなく、子ども自身の主体的なチャレンジが大切です。「やってみよう」「チャレンジ＆試行錯誤」「できた」の循環が大切だということです。

　ここでは、特に触覚・固有受容覚・前庭覚を取り上げ、それぞれの感覚の役割とトラブル例を紹介します。

Column　発達するとは？

　「発達する」を英語で表すと「develop」になります。このうち、「de」は「～ない」、「velop」は「包み込む」という語源をそれぞれもっていて、合わせると「包みをひらく」という意味になります。つまり、「発達する」とは、「包み込まれた可能性を拓かせてゆく過程」のことなのです。

　ここで大切なのは、可能性を拓かせてゆく主語は「子ども自身」だということです。大人にできるのは、そのお手伝いです。感覚統合理論をつくったエアーズ博士も、子どもは自分で変化するのであって、セラピストはただそれを促したり導いたりできるのみである（つまり、変化が引き起こされるように環境を準備することだけができる）と述べています（Ayres, 1972（宮前・鎌倉訳, 1978）, p.347）。保育も作業療法も、主役は子どもだという視点を大切に実践を紡いでいきたいですね。

Part 1 感覚統合とは？

03 感覚統合の基礎となる感覚

1 ● 触覚

☑ 感じる場所

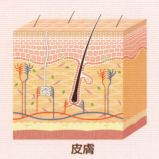
皮膚

☑ 感じるものの例

痛み

温度

包まれている感じ

☑ はたらき

防衛する

識別する

情緒を安定させる

ボディイメージの発達

触覚は、触ったり、触られたりすることを感じる感覚で、皮膚を通して感じます。針でチクッと刺された痛み、水を触ったときの温度、毛布の柔らかさなどを感じる感覚です。

触覚には主に、以下の4つのはたらきがあります。

1 **防衛する** **はたらき**	熱いやかんに触れた瞬間に、手をやかんからパッと離します。また、腕に虫が止まると、サッと払いのけます。このように、皮膚を通して危険を察知し身体を防衛するはたらきがあります。
2 **識別する** **はたらき**	5円玉と切符が入っているポケットから、5円玉だけを取り出すとします。私たちはポケットの中を見なくても、間違えずに5円玉を取り出すことができると思います。それは、素材の違いなどを触覚によって識別しているからです。この識別する能力は、手先の器用さにもつながっています。
3 **情緒を安定させる** **はたらき**	お母さんに抱っこされたときの肌と肌の触れ合いや、毛布でくるまれたときの心地よさは、情緒の安定につながります。泣いている子どもをあやすときに、優しく背中をさすることも、触覚を通して情緒の安定を促しているといえます。
4 **ボディイメージの** **発達**	触覚は身体の地図を把握するために必要な感覚です。皮膚は自分の身体と外界との境界にあるため、皮膚から感じる触覚を通して、私たちは自分の身体の輪郭や大きさ、長さなどを把握することができます。

Column 「ボディイメージ」について

本書で説明している「ボディイメージ (body image)」は、厳密には「身体図式 (body schema)」と表現する方が適切です。前者は主に自分の身体に対する視覚的なイメージを表しますが、後者は視覚に限定されない身体の地図を表します。しかし、「図式」という用語は一般には馴染みがなく理解が難しくなるので、本書では「イメージ」という用語を使うことにしました。

触覚のトラブル

1 触覚防衛反応

　触覚防衛反応とは、触覚の刺激に対して「危険、これらの刺激に注意せよ、逃避または闘争の準備をせよ」もしくは「刺激に耐えることができない」という緊急事態を示すと説明されています（Ayres, 1972（宮前・鎌倉訳, 1978), p.276）。

　触覚には大きく「防衛する役割」と「識別する役割」があります。例えば、鞄の中から手帳を取り出すために、手探りで探していたとします。しかし、予想外にハサミの刃に触れてしまい、驚いて手を引っ込めてしまいました。このとき、最初は手帳を探すために「識別する役割」が中心となっていましたが、ハサミの刃に当たった瞬間、「危険！」と判断し「防衛する役割」が中心に切り替わったのです。このように、私たちは普段、触覚の「識別する役割」を使いつつも、触覚を通して危険を感じると反射的に「防衛する役割」を使います。

　しかし、触覚の情報処理がうまくいかないと、必要以上に「防衛する役割」を使ってしまい、結果的に触ることや触られることに不快感を示す場合が出てきます。

例）
- 散髪、耳掃除、歯磨き、爪切りが嫌
- 衣服へのこだわり（綿100%でないと嫌、タグが嫌など）
- 砂、泥、のり、スライムなどが嫌
- 突然触られるのが嫌

のりを触るのが嫌

散髪が嫌

突然触られるのが嫌

❷ 情緒の不安定さ

　乳幼児期の子どもたちは、親との触れ合いの中で心地よい触覚を豊富に感じ取る経験をします。これが情緒の安定につながります。しかし、触覚をうまく処理できないと、心地よいはずの触覚刺激も「不快」と捉えてしまい、情緒的な安定が得られにくくなります。その結果、親との愛着関係を確立しにくくなることがあります。

　これらは、虐待やネグレクトの子どもたちと出会ったときにも感じることがあります。心地よい触覚体験が乏しいまま成長したため、情緒的な安定が十分に育まれず、「すぐにキレる」「すぐに泣く」など感情のコントロールが苦手になっている可能性があります。

Column　触覚体験と情緒の発達

　アメリカの心理学者ハーロウ博士は、触覚体験と情緒の発達の関連性について興味深い実験を行いました（Harlow, 1958）。①授乳できるが針金でできた冷たい代理母と、②授乳しないがフワフワの毛布でできた温かい代理母の2つの養育環境を実験的に用意し、サルの赤ちゃんに与えました。すると、栄養補給できないにもかかわらず、サルの赤ちゃんは1日の大半の時間を、針金の代理母ではなく毛布の代理母にしがみついて過ごしました。心地よい触覚体験は、安心感を得るうえで重要であることが示唆されます。

2・固有受容覚

☑ 感じる場所

筋肉・関節

☑ 感じるものの例

手足の位置

動き

力

☑ はたらき

力を加減する

運動をコントロールする

ボディイメージの発達

抗重力姿勢を保つ

バランスをとる

情緒を安定させる

固有受容覚は自分の身体各部の位置や動き、力の入れ具合などを感じる感覚です。筋肉や関節を通して感じます。固有受容覚には主に、以下の6つのはたらきがあります。

1 力を加減するはたらき

机やイスを運ぶときにはギュッと手に力を入れます。逆に、豆腐や卵を持つときはソッと優しく持ちます。このように、私たちは活動によって力を加減しています。そのときに重要な役割を果たしている感覚が固有受容覚です。

2 運動をコントロールするはたらき

積み木を高く積むときには、ゆっくりと腕を動かすと思います。このように、関節をゆっくりと曲げ伸ばしできるのも固有受容覚がしっかり働いているからです。

3 ボディイメージの発達

固有受容覚は、身体がどこまで、どんなふうに動くのかを把握するために必要な感覚です。これらのイメージは前庭覚と固有受容覚が主な土台となって発達します。

4 重力に抗して姿勢を保つはたらき（抗重力姿勢）

何か活動をするときには、重力に抗して、身体を持ち上げて姿勢を保つ必要があります。このように、身体を持ち上げて持続的に姿勢を保つためには固有受容覚のはたらきが必要です。

5 バランスをとるはたらき

足場がグラグラしたり不安定になったりしたことを感じるのは、固有受容覚や前庭覚のはたらきによるものです。固有受容覚はさらに、転ばないように素早く筋肉を調整して姿勢を保つ役割も担っています。

6 情緒を安定させるはたらき

例えば、緊張しているときに貧乏ゆすりをしたり、イライラしているときに奥歯を強く噛んで口に力を入れたりしたことはありませんか？　このような固有受容覚を取り入れる行動を通して、わたしたちは、情緒を安定させようとするときがあります。

Part1　感覚統合とは？

固有受容覚のトラブル

① 乱暴・力加減の難しさ

　固有受容覚にトラブルがあると、手足を動かしている感覚がわかりにくく、力加減や運動のコントロールが難しくなります。例えば、友達と遊びたくて「ねえねえ」と友達の肩を触るとき、力加減がうまくいかず「バシバシ」と叩いてしまうことが挙げられます。また、おもちゃを片づけるときにていねいに扱えず、投げ捨てるようにおもちゃ箱に入れてしまうこともあります。

力加減がわかりにくい

物の扱いが雑

　また、固有受容覚の情報を捉えにくいと、もっと感覚を得ようとして自分で感覚刺激を取り入れる行動を取りがちです。筋肉にギュッと力を入れると、固有受容覚がたくさん得られます。そのため、「人をつねる、叩く、蹴る、噛む」など筋肉への刺激がたくさん入ってくる行動を取りがちで、それが粗暴で気になる行動と受け取られることがあります。

粗暴な関わりが多い

2 身体・手の使い方が不器用

〔身体の使い方が不器用〕

　固有受容覚にトラブルがあると、自分の身体各部の位置や動き、スピードを捉えることが難しくなるため、動きが不正確になります。これは、身体をどこまで、どんなふうに動かすかをイメージすること（p.88 ボディイメージ参照）の問題と関連します。その結果、ダンスや体操のように複雑な運動が要求される活動や、スキップ・ケンケンパなど手足を協調的に使う活動がうまくできなくなる場合があります。

身体の使い方が不器用

ダンスや体操が苦手

スキップ・ケンケンパが苦手

〔手先が不器用〕

　固有受容覚にトラブルがあると、物を力強く扱いすぎたり、逆に力が足りなかったりします。

　また、手や指の動きを捉えにくいため、動かし方が不正確になりがちです。結果として、箸をうまく操作できない、シールを貼るときにぐちゃぐちゃにしてしまう、ボタンをうまくはめられないなど、「手先が不器用」という姿につながります。

箸の操作が不器用で
食べこぼしが多い

シールを貼るときに
ぐちゃぐちゃにしてしまう

ボタンを
うまくはめられない

3・前庭覚

☑ 感じる場所

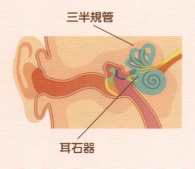

三半規管
耳石器

☑ 感じるものの例

揺れ

傾き

スピード

重力

回転

☑ はたらき

覚醒を調整する

抗重力姿勢を保つ

バランスをとる

眼球運動をサポートする

ボディイメージの発達

前庭覚は加速度を感じる感覚です。例えば、重力や自分の身体（頭）の傾きやスピード、回転などが当てはまります。耳の奥にある、耳石器と三半規管を通して感じます。

前庭覚には主に、以下の5つのはたらきがあります。

1
覚醒を調整するはたらき

前庭覚は覚醒（脳の目覚め具合）と大きく関連しています。例えば、授業中に眠くなったとき、頭を振って、目を覚まそうとした経験はありませんか？　これは覚醒がぼんやりしているときに、前庭覚を取り入れることで、シャキッと脳を目覚めさせようとする行動といえます。

2
重力に抗して姿勢を保つはたらき（抗重力姿勢）

身体が重力に負けていては、私たちは地球上で生活することができません。何か活動をするときには、重力に抗して、身体を持ち上げて姿勢を保つ必要があります。この重力を感じるのは前庭覚のはたらきです。

3
バランスをとるはたらき

バランスをとるために、自分の身体（主に頭）が傾いているかどうかを素早く感じるのは主に前庭覚のはたらきです。

4
眼球運動をサポートするはたらき

くるくる回転したら、目も回りますね。これは、回転の感覚（前庭覚）が眼球を動かす筋肉と連動しているからです。このように前庭覚と眼球を動かす筋肉には密接な関連があります。

5
ボディイメージの発達

前庭覚は、身体がどこまで、どんなふうに動くのかを把握するために必要な感覚です。これらのイメージは前庭覚と固有受容覚が主な土台となって発達します。

Part1　感覚統合とは？　19

前庭覚のトラブル

　前庭覚は脳の中で複数の神経連絡をもっています。具体的には、姿勢保持、覚醒、眼球運動、自律神経などに影響を及ぼします。つまり、前庭覚にトラブルがあると、それらの機能に不具合をきたす可能性が高くなります。

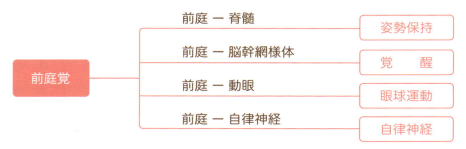

※他にも小脳・大脳皮質などとの連絡をもちますがここでは省略します

1 姿勢保持の問題

　前庭覚は頭部の傾きや位置の変化などの情報を与えてくれます。例えば、つまずいて転びそうになったとき、頭部が傾いたという情報（前庭覚）をきっかけに、脊髄を介して筋肉に命令が出され、その結果身体を反対側に立ち直らせようとする反応が生じます（右図ⓐ）。また、常時入力されている重力（前庭覚）がわかるからこそ、その方向に抗って筋肉を働かせ、姿勢を保つことができます（右図ⓑ）。

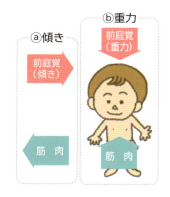

　前庭覚をうまく捉えられないと、空間の中で自分の身体がどのような状況にあるかが把握できず、身体のどの部分・どの方向に力を入れればよいかがわかりにくくなります。その結果、重力に抗した姿勢を保つことが難しくなります。先生の話を聞いているときや給食を食べているときに、姿勢をシャキッと保てないことの理由には、前庭覚のトラブルが関連している可能性があります。

2 覚醒の不安定さ

　覚醒は、主に脳の脳幹網様体というところでコントロールされています。また、前庭覚と脳幹網様体は密な神経連絡をもっています。つまり、前庭覚と覚醒には深い関連があり、

前庭覚のトラブルは覚醒の不安定さを引き起こします。

　前庭覚を感じ取りにくい子どもは、覚醒が低く、話を聞いていてもぼんやりしたり、あくびばかりしがちだったりすることがあります。

ゴロゴロ

ぼんやり

③ 眼球運動の拙劣さ

　前庭覚からの神経は眼球を動かす筋肉とつながっています。このつながりを前庭─動眼反射といいます。この反射のはたらきにより、頭の位置が変化しても、見ている対象を視野の中心で捉え続けることができます。

　前庭覚のトラブルがあると、眼球運動の問題が起こりやすくなります。眼球運動に問題があると、ボール遊び、しっぽ取り、フルーツバスケットなど、物や人の動きを見続けることが必要な活動に対して苦手意識をもちやすくなることが予想されます。

ボール遊びが苦手

しっぽ取りが苦手

フルーツバスケットが苦手

④ 自律神経の問題

　前庭覚は、自律神経とも連絡をもっています。自律神経は交感神経と副交感神経に大別され、緊張感や安心感といった情緒や、内臓の感覚などに関係しています。前庭覚のトラブルは、頭の位置の変化に対して過剰に不安感を抱いたり、激しい揺れに対してまったく酔わなかったりするなどの姿として現れます。

Part 2

保育活動
トラブル別感覚統合遊び

保育活動のページについて

　前書『乳幼児期の感覚統合遊び』の出版を通し、私たち保育者も活動や遊びを作業療法の視点で分析、理解することを学びました。

　ピラミッドが積み上がるように感覚が統合されていく重要な乳幼児期だからこそ、活動や遊びをていねいに意味づけして、子どもたちの取り組みを振り返り、「段階づけ」をしていくことはとても大切だと思います。感覚統合理論を学ぶことを通して、現場の保育者たちは、本来の遊びの専門家という力をさらに発揮できるようになり、実に楽しそうに子どもたちと過ごしています。

　しかしその一方で、同じ活動や遊びでも参加しづらい子、すぐに飽きてしまう子、参加しても楽しめない子など、一人ひとりの様子は様々です。集団場面だからこそ、個々の違いや多様性をていねいに理解することが重要です。

　本章では、子どものタイプごとの特徴や支援の方向性をもとに、作業療法士と一緒に活動や遊びを分類し、紹介しています。保育者が日ごろ園で楽しんでいる遊びを取り上げ、その遊びに作業療法士の視点を加えました。次の留意点を踏まえたうえで、読み進めていただけたらうれしいです。

留意点

1. 園の保育者は、あくまでもクラスの子どもたちが楽しめるような遊びを考えて提供しています。「このクラスには○○タイプの子が多い」という前提があるわけではないことをご理解ください。

2. 前書では、年齢別に分けて保育活動を記載しました。一方、本書では、あえて年齢は記載していません。目の前の子どもの状態に合わせて活動や遊びを工夫することで、どの年齢でも楽しく取り組めると思います。

3. 保育者自身も遊びに参加することを前提にしています。実際に体験することで、どの感覚がどのように入ってくるかがわかります。子どもが遊びをどんなふうに捉えているか（難しすぎないか？　わかりにくくないか？　など）を身をもって感じることが大切です。

4. 保育者自身が楽しんで遊びに取り組むことが大切です。先生が笑顔で楽しそうに参加している姿こそが、子どもたちにとって心地よい環境となります。

特別支援教育士　田中佳子

Column　段階づけとは？

　簡単すぎず難しすぎない「ちょうどよいレベルの活動」に取り組むとき、ワクワク感が得られると共に、最も学習効率が高まります。つまり、ある活動をクリアできれば少し難易度を上げた活動を提供し、逆に、ある活動がクリアできなければ少し難易度を下げた活動を提供する必要があります。この活動の難易度調整を「段階づけ」といいます。段階づけは、作業療法士が得意にしていることの一つです。

Part2　保育活動　25

Part 2 保育活動

01 子どもの特性は十人十色

　園には多様なタイプの子どもがいます。活発／おとなしい、温厚／キレやすい、細かい／大雑把など、様々な特性をもった子どもたちが同じ部屋で過ごしています。

　本章の目的は、子どもが見せてくれる多様な行動の理由を、感覚統合のトラブルという視点からタイプ別に分類・整理することで、理解と支援に役立てることです。具体的には「気になる行動」に対して、①その行動の理由を理解→②支援の方向性を提案→③園でできる遊びや環境設定を紹介の3ステップで考えられるような構成になっています。

感覚統合のトラブルを、アメリカの作業療法士であるミラー博士やダン博士の分類（Miller et al., 2007 ; Dunn, 2015）を参考にしながら、3カテゴリー、10タイプに分類しました。本章では、これら10タイプの子どもたちに育んでほしい力や関わり方の工夫をご紹介したいと思います。

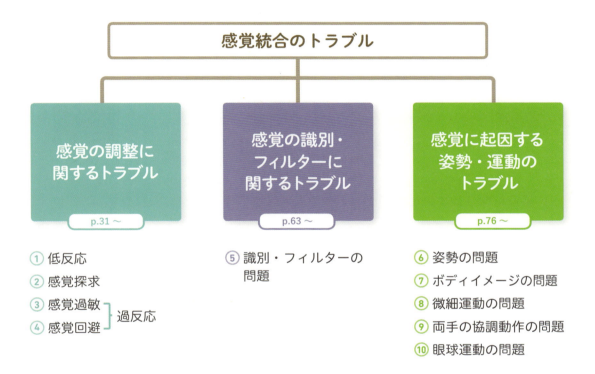

Column　「障害」はどこにある？

　上に挙げた感覚統合のトラブルは、専門的には感覚統合障害や感覚処理障害と呼ばれます。けれども、ここでいう障害は、「ある個人に問題がある」ということを指してはいないと考えます。むしろ障害とは、「個人がもつ多様な特性に、うまく対応できていない社会の側の問題である」と捉えることができます（これを障害の「社会モデル」と呼びます）。この意味で、感覚統合障害とは、感覚の受け取り方や統合の仕方が多くの人とは異なる「少数派」であるために、多数派に合わせてできている社会では生きづらさを感じやすく、「社会的障壁にさらされている状態」といえるでしょう。

参考：綾屋（編著）(2018)

Part 2 保育活動

02 Part2に出てくる 子どもの10タイプ

感覚の調整に関するトラブル

Type 1 マイペースなぼんやりタイプ
（低反応） → p.34

2 刺激を欲するガンガンタイプ
（感覚探求） → p.42

3 不安になりやすいビクビクタイプ（感覚過敏） → p.56

4 ストレスがたまりやすいイライラタイプ（感覚回避） → p.56

感覚の識別・フィルターに関するトラブル

Type 5 違いに気づきにくい
わかんないタイプ
（識別・フィルターの問題）
→ p.66

本書では、感覚統合のトラブルを「タイプ」に分けて説明しています。しかし、「この子どもは○○タイプに当てはまる」というように、個人とタイプが1対1に対応しているとは限りません。同じ子どもでも「前庭覚はガンガンタイプだけど、触覚はビクビクタイプ」というように、複数のタイプを併せもっている場合があります。ちなみに、このようなことを表現する際には「特性」や「次元」という用語を使う場合が多いのですが、本書ではわかりやすく「タイプ」と呼ぶことにしています。いずれにしても、大切なのは子どもをより深く理解し、必要な支援を届けることです。「分類すること」は、あくまでもそのための道具立てであることを忘れてはいけないと考えます。

感覚に起因する姿勢・運動のトラブル

Type 6 姿勢を保てないぐにゃぐにゃタイプ（姿勢の問題） → p.78

7 身体の動きがおぼつかないギコチナイタイプ（ボディイメージの問題） → p.88

8 手先が不器用なブキッチョタイプ（微細運動の問題） → p.102

9 両手動作が不器用な両手ブキッチョタイプ（両手の協調動作の問題） → p.110

10 動きを目で追えないどこいったタイプ（眼球運動の問題） → p.118

Column 「平等」と「公平」

　子どもの特性に合わせて支援を行うと「ずるい！」といわれることがあります。全員に同じ支援をしないと「平等」にならないというのです。しかし、同じ支援を平等に行ったとしても、全員の「過ごしやすさ」が同じになるとは限りません。このことをわかりやすく示した有名なイラストがあります。3人で野球観戦をしているのですが、そのままでは塀があって向こう側が見えない人もいるというものです。下図のように、画一的で均質な支援ではなく、一人ひとりの子どもに合わせたオーダーメイドの支援を行うことで、結果的に全員の過ごしやすさの程度が同じになります。

　このような「公平」な支援を行うには、「どうすればみんなで楽しく、安心して活動に取り組めるかな？」という視点が大切です。そして、その出発点になるのは、子どもの特性は十人十色だということへの理解です。

　子ども理解から始めた支援は、子どもと同じように豊かな多様性をもっているように思います。

支援なし

平等（equality）
（支援が同じ）

公平（equity）
（過ごしやすさが同じ）

参考：大阪府教育センター（2015）

子どもの
10タイプ

感覚の調整に関するトラブル

① マイペースな
ぼんやりタイプ

② 刺激を欲する
ガンガンタイプ

③ 不安になりやすい
ビクビクタイプ
と
④ ストレスがたまりやすい
イライラタイプ

Part2 保育活動

感覚の調整に関するトラブルとは？

　感覚に対する反応のタイプ（感じ方）は人によって異なります。例えば、ジェットコースターが好きな人もいれば嫌いな人もいます。これは、主に加速度を感じ取る前庭覚の感じ取り方の違いによるものです。他にも、同じ部屋にいて「臭い」と感じる人もいれば、何とも思わない人もいます。これは嗅覚の感じ取り方の違いによるものです。このように、感覚の感じ取り方は人それぞれ異なります。ここでは、感覚に対して過剰に反応することを過敏、感覚に対して過小に反応することを鈍感と表現します。

　このように「過敏」や「鈍感」ということは誰にでもあることですが、感じ方に極端な偏りがある（「超過敏」や「超鈍感」）と日常生活を行いにくくなります。それぞれの感覚における過敏、鈍感のエピソード例を以下に示します。

過敏な人のエピソード例		鈍感な人のエピソード例
●光を眩しそうにする	視覚	●光、カラフルな色をいつまでも見る ●見た目の違いに気づかない
●大きな音、突然の音を怖がる（耳を塞ぐ） ●にぎやかな環境が苦手	聴覚	●呼ばれていることに気づきにくい ●音の聞き間違いが多い
●人ごみを避ける ●列に並ぶのを嫌がる ●服のタグを嫌う ●手が汚れるのを嫌う	触覚	●汚れていることに気づかない ●指吸いをよくする ●友だちをベタベタ触る
●姿勢を変えたがらない ●他人に身体を動かされるのが怖い	固有受容覚	●力加減ができない 　（クレヨンが折れる、筆圧が強いなど） ●物の扱いが雑になる
●不安定な場所が怖い ●ブランコの揺れやジャングルジムが怖い ●動きが慎重になる	前庭覚	●いつも走り回る、クルクル回る ●激しくピョンピョンと跳びはねる

感覚に起因する覚醒・情緒の問題

　覚醒とは、脳の目覚めの程度をいいます。一般的に覚醒が低いとぼんやりした状態に、逆に覚醒が高いと興奮した状態になります。

　覚醒が適切な状態にあることが、情緒の安定や学習・行動のための前提条件となります。

　感覚刺激には、覚醒を調節する役割があります。この感覚刺激の受け取り方に偏りがあると、以下のような状態になる可能性があります。

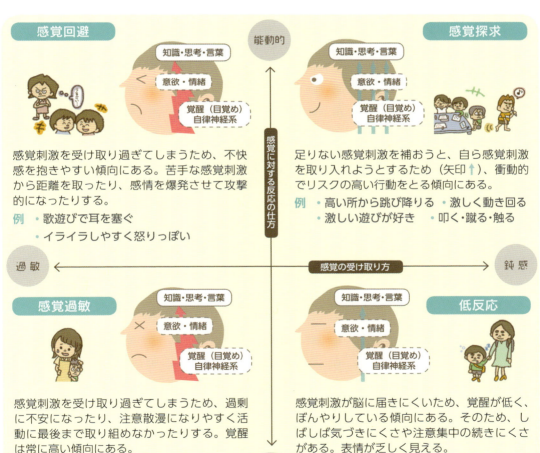

感覚プロファイル（Dunn, 2015）の分類を参考に作成

※感覚回避・感覚過敏は、感覚刺激に対して過剰な反応をする点で「過反応」としてまとめられることがあります。
　そこで、以降のページでは、「過反応」と記載しています。

Type 1

感覚の調整に関するトラブル　　低反応

マイペースな ぼんやり タイプ

眠そうな表情で登園する

手や顔が汚れても気にしない

先生の呼びかけに気づかない

活動に参加せず、1人ボーッとしている

　同じ感覚刺激でも、その受け取り方には個人差があります。その中でも、ぼんやりタイプ（低反応）は、感覚刺激の感じ取りにくさをもっています。感覚刺激が脳に届きにくいので、いろいろな感覚刺激に対して気がついていない様子がよく見られます。

　感覚刺激の受け取りにくさをもっていると、日常生活を送るのに必要な覚醒や注意をうまく維持したり調整したりすることが難しくなります。そのため、このタイプの子どもは覚醒が低く、いつもボーッとしていて、集中も続きにくくなることが多いです。周囲の状況にも気づきにくいので、活動に参加しなかったり、ワンテンポ遅れてしまったりと、マイペースに見えることがあります。また、活動に対して受け身的で、取り組み始めるまでに時間がかかることも多く、大人からの声かけや身体誘導などの支援が頻繁に必要になることがあります。

各感覚でよく見られる姿

視　覚	部屋にあるおもちゃや友達の存在に気づきにくく、よくぶつかったり転んだりする、遠くの方をボーッと見ていて心ここにあらずな印象を受ける
聴　覚	先生の声に気づかないことが多い、かなり大きな音がしてもあまり驚かない
嗅　覚	臭いものでも特に気にしない
味　覚	味の違いに気づきにくい、酸味や辛味が強くても平気
触　覚	口周りや手足などが汚れていても気にしない、暑さや寒さに気づきにくい、痛さを感じていないように見えるときがある
前庭覚・固有受容覚	身体を動かしたり、おもちゃで遊んだりしようとする意欲が乏しい

〈 支援の方向性 〉

　ぼんやりタイプの子どもには、活動に取り組むための準備として、覚醒を適切な状態に引き上げるような支援を行うことが重要です。覚醒は「感覚刺激」と「興味・関心」の影響を強く受けます。ここでは前者に重点をおいて説明します。

感覚刺激を提供することで覚醒を高める

　7つの感覚の中でも、触覚・固有受容覚・前庭覚の感覚刺激が豊富に含まれている活動が特に有効と考えられます。しかし、これらの感覚刺激を、活動の間ずっと同じように提供することは避けた方がよいでしょう。ぼんやりタイプの子どもは、同じような感覚刺激に対してすぐに慣れてしまう傾向があり、せっかく引き上げた覚醒が再び下がってしまうからです。

　感覚刺激を提供する際のコツとしては、強さや速さなど刺激の程度を変えたり、刺激のリズムを不規則にしたりすることが挙げられます。このように、「強弱」「緩急」などギャップやメリハリのある感覚刺激を提供することで、覚醒が適切な状態になり、活動に取り組みやすくなると期待されます。活動の例とともに、ギャップやメリハリをつけやすいポイントを挙げてみます。

\ 触覚編 /
- 冷水で顔を洗う（室温との温度のギャップ）
- こちょこちょ遊び（くすぐる部位や強さ、リズムの変化）
- 他にも、水遊び、泥遊び、押しくらまんじゅうなど

\ 前庭覚・固有受容覚編 /
- 両手を持って揺らす（揺れ幅や速度を変える、リズムを不規則にする）
- 抱っこしてもらい、グルグル回転する（速度に変化をつける、リズムを不規則にする）
- 高い高い（高さのギャップ）
- 滑り台遊び（ゆっくり〜急加速などリズムの緩急）
- ダッシュ（全力、ゆっくり、姿勢を変えるなど）
- 他にも、バランスボール上で跳ねる、シーツブランコ、重いものを引っ張る、人間逆上がりなど

興味・関心をくすぐることで覚醒を高める

　子ども自身が興味・関心のある活動を行うときには、覚醒は高くなります。例えば、以下のような活動があります。
- 子どもたちが好きなキャラクターや流行のネタを用いた遊び
- 運動遊びのとき、好きなキャラクターになりきった遊び
- 子どもたちがイメージできるストーリーに沿った遊び

Type 1

やってみよう！ マット滑り台

低反応

遊び方 ●大型のソフトブロック、ロールマットを重ねた所にマットをかけ、少し高さのある山を作る。手と足を交互に動かして登ったり、お尻で滑り降りたり、転がり降りたりするなど、好きな遊び方を楽しむ[1]。

ねらい
- ダイナミックに身体を使いながら、自分の身体を感じたり、いろいろな動きを楽しんだりする。
- 他児と一緒に登ったり、転がったりしながら、触れ合うことを楽しむ。
- 常に運動ができるコーナーを設置することで、覚醒を高めるために必要なダイナミックな動きを引き出すようにする。さらに、動きたい子どもの欲求も満たせるようにしている。

36　感覚の調整に関するトラブル

留意点

- 高さに興味をもって一気に子どもたちが集まってくるので、そばに保育者がつき、声かけで「待つこと」を促し、安全に楽しめるようにする。
- 興味はあるが参加せず周りで様子を見ている子どもには、他児がしている様子を一緒に見たり、「〇〇してるね〜」「〇〇ちゃんシューッて滑ってたね」と伝えたりしながら、「やってみたい」という気持ちがわいてくるようにサポートする。

作業療法士の視点

1 前庭覚と覚醒

　マット滑り台を転がり落ちるなど不規則で強い前庭覚の刺激や、マットをよじ登るときの固有受容覚の刺激には、覚醒を適切な状態に引き上げる作用があります。覚醒が低く、ぼんやりしていることが多い子どもにこのような活動を提供することで、すっきりと脳が目覚めやすくなることが期待されます。

　他の活動例として、トランポリンやシーツブランコを使った遊びが挙げられます。何回かに1回大きくジャンプしたり、左右と上下の揺れを織り交ぜたりして、トランポリンの跳び方やシーツの揺らし方に変化をつけるとよいかもしれません。さらに、子どもの動きに「ビューン」や「ワッショイ」などの効果音をつけることで、子ども自身が自分の身体の変化に気づきやすくなる可能性があります。

Type 1

やってみよう！ レスキュー

低反応

遊び方
- ●2人組になり（それ以上でもよい）、フープを引っ張ったり、引っ張ってもらったり[1]して遊ぶ。
- ●引っ張られる子どもは、うつ伏せになりフープを握る。

段階づけ
①最初は「引っ張る＝保育者」「引っ張られる＝子ども」の組み合わせで遊ぶ。
②この遊びに慣れてきたら他児と2人組になって遊ぶ。

アレンジ
- ●異年齢（年上）の他児に引っ張ってもらって遊ぶ。
- ●座った姿勢で引っ張ってもらう（写真右）。
- ●大人を子ども2、3人で引っ張ってみる。
- ●「音楽が終わったら交代」「一定のコースが終わったら交代」など、交代の合図を決めて引っ張る側と引っ張られる側の両方の役割を楽しむ。

ねらい
- ●引っ張る人は、思い切り力を込めて引っ張ることで全身に力が入る感じを楽しんだり、引っ張りながらも周囲の動きを見てぶつからないように考えたり、引っ張られている相手のことを思いやったりする力[2]を身につける。
- ●引っ張られる人は、両手でしっかりとフープを握る感じを楽しんだり、顔をあげて引っ張る相手や自分の行く方向（引っ張られる方向）を見ようとしたり、すれ違う他児との距離感やスピード感を感じたりする。

38　感覚の調整に関するトラブル

留意点

- うつ伏せで引っ張られる子どもの姿勢は、身体を反らして、肘を曲げている（フープに身体が近くなる）方がよいが、それぞれやりやすい方法で行いながら、繰り返し遊ぶうちに自然にこの姿勢に慣れるようにする。
- 引っ張ることが難しいと飽きてしまうので、子ども同士の筋力差や体格差などを考慮する。遊びの中で、「助けて〜」とヘルプを求めたり、難航している他児に気づいて力を貸す子どもが現れたりする場面もある。

作業療法士の視点

① 前庭感覚、固有受容覚、触覚と覚醒

　うつ伏せで前へ進むときの前庭覚、手でフープを握るときの固有受容覚、身体の前面が擦られる触覚といった感覚により覚醒が高まります。覚醒が低く、ぼんやりしている子どもの場合、フープからすぐに手を離してしまう可能性があります。そこで、フープをシーツやマットに変えて、大人や友達にシーツやマットを引っ張ってもらう設定から始めるとよいかもしれません。また、引っ張る側の役割は、手を主とした全身の固有受容覚により覚醒が高まります。徐々に目が覚めてきたら、他児と同じようにフープを使ってみたり、引っ張る側に挑戦したりしてみましょう。

毛布で引っ張られる

マットに乗った人を引っ張る

② 身体を通したコミュニケーション

　特にフープを引っ張る側の子どもは、相手の重さをフープ越しに感じながら、相手が握り続けていられるくらいのスピードや方向の範囲で運動を調整する必要があります。このような活動が難しい場合には、フープではなく直接手をつないで引っ張るような設定にしてみると取り組みやすくなるかもしれません。また、フープをタオルやロープなどに変えてみると、引っ張る側も引っ張られる側も両手を身体の中心軸に近づけなければならなくなるので、難易度が少し上がります。

Type 1

やってみよう！
泥んこ遊び

低反応

遊び方
- 素手や裸足で行う❶❷。
- 道具を使う。
  （シャベル、スコップ、カップ、樋など）
- 水を入れて泥にする。
- みんなと一緒に行う。（他児、保育者など）
- 砂場や築山で行う。
- 掘る、積む、型押しする、水を流す。

ねらい
- 砂・土・泥の感触を楽しむ。
- 形が変化する面白さの中で自分なりの思いや予想、イメージをもったり、他児とそれらを共有したりしながら遊ぶことを楽しむ。
- 可塑性に富んだ素材であることを活かして、感触を味わったり、そこから生まれる他児との関わりを深めたり、素材や道具の扱い方を調整してイメージしたものを形にしたりする❸。

40　感覚の調整に関するトラブル

留意点

- 身体を大きく使う、手先を使う、感触を味わうなど、遊びの中で経験できることがたくさんあるので、それぞれの子どもの発達や興味・関心に応じてねらいをもつ。
- 子どもが何を楽しんでいるのか、何を味わっているのかをていねいに読み取り、子どもと思いを通わせることで遊びをさらに展開させたり、意欲を高めたりする。

作業療法士の視点

① 触覚・固有受容覚と覚醒

泥んこ遊びの中で感じるジャリジャリとした泥や水の触覚には、覚醒を高める効果があると考えられます。類似の活動としては、こちょこちょ遊びや落ち葉遊びなどがあります。一方で、手で砂を掘る、砂の中に身体の一部を埋める、砂を型はめにつめる、バケツいっぱいの砂を運ぶ、スコップで穴を掘るといった活動では、固有受容覚を通した覚醒の調整が期待できます。他にも、水道のホースで勢いよく水をかぶる、おしくらまんじゅうで押し合うなどの活動が挙げられます。

② ボディイメージの発達

素手や裸足で泥まみれになりながら遊ぶことで、触覚刺激を豊富に感じることができます。このような触覚刺激は、自分の身体の輪郭や大きさのイメージを鮮明にしてくれます。

③ 形のイメージ

丸や四角などの形のイメージは、実際にそのような形のものに見たり触れたりすることを通して形成されていきます。様々な形を認識するためには、物に触れたときに手指の触覚や固有受容覚を細かく感じ分けることが重要です。

形をイメージしにくい場合は、様々な形の入れ物を使ったり、保育者が一緒に手を添えたりしながら作るところから始めてみるとよいかもしれません。また、ケーキやおにぎり、アンパンマンなど子どもがその形をイメージしやすいようなものに見立てながら遊ぶのもよいですね。

Type 2　感覚の調整に関するトラブル　感覚探求

刺激を欲する ガンガン タイプ

高い所によく上る

力加減がわかりにくい

物の扱いが雑

よく抱きつきにくる

　同じ感覚刺激でも、その受け取り方には個人差があります。ガンガンタイプ（感覚探求）は、感覚刺激の感じ取りにくさをもっています。そして、感覚に対する欲求を満たすために、通常よりもたくさんの感覚刺激を必要としています。感覚刺激が脳に届きにくいという点はぼんやりタイプ（低反応）と似ていますが、届きにくいからこそ「もっと、もっと！」と自分で感覚刺激をたくさん取り入れようと探求する点は、このタイプの子どもたちに特有のものです。

　感覚刺激の受け取りにくさをもっていると、日常生活を送るのに必要な覚醒や注意をうまく維持したり調整したりすることが難しくなります。活動に必要な覚醒・注意を何とか保とうとして、強い感覚刺激を取り入れようとした結果、激しく跳び回る、衝動的で危ないことばかりする、といった行動の特徴が見られることがあります。特に、触覚・固有受容覚・前庭覚は覚醒の調整と密接に関係しているので、子どもの行動の特徴をよく観察すると、これらの感覚刺激をふんだんに得られるような行動を好んでいることがよくわかります。

　また、通常よりも強い感覚刺激を好む傾向があるので、軽く触れているつもりでもつい強く叩いてしまうといった様子が見られることもあります。力加減ができずに物の扱いが粗雑になったり、友達に力まかせに関わったりするのは、感覚の受け取り方に鈍さがあるからかもしれません。

各感覚でよく見られる姿

視　覚	ピカピカと光るおもちゃや、換気扇など回転するものを好んで見続ける
聴　覚	テレビなどの音量を大きくしたがる、騒がしい場所や群集の中にいることを好む、近くにいるのに大声で叫ぶように話す
嗅　覚	刺激の強い匂いを好む、食べ物や人、おもちゃの匂いを嗅ぐ
味　覚	味の濃いものや刺激の強い食べ物を好む
触　覚	水や砂、泥遊びを好む、粘土やおもちゃを舐める、ベタベタ他人に触る
固有受容覚	おもちゃや道具の使い方が雑、クレヨンをよく折る、シャツの袖口や爪をよく噛む、強く抱きしめられたり押しつけられたりする遊びを好む
前庭覚	ブランコで激しく揺れることを好む、常に走り回ったりピョンピョンと跳びはねたりする、逆さ吊りになる遊びを好む

支援の方向性

　ガンガンタイプの子どもは、一見すると危険で、度を越えて激しい行動をしてしまいがちです。しかし、このような行動は、感覚刺激をたくさん取り入れることで覚醒を適切な状態に調整しようとするなど、子どもなりに問題に対処しようと努力した結果かもしれません。したがって、活動に取り組む準備段階として、「感覚への欲求をしっかりと満たすことで覚醒や注意の維持・調整を促すこと」が重要になります。

　具体的には、気になる行動に共通する感覚刺激の特徴を分析し、子どもがどのような感覚刺激に対して強い欲求をもっているか見当をつけます。そのうえで、その感覚刺激が十分に提供されて、かつみんなで楽しむことのできる別の活動を取り入れてみます。感覚への欲求がしっかりと満たされると、気になる行動が徐々に減っていくと期待されます。

触覚の欲求が強い

すぐに抱きつきにくる

触覚の欲求が強いのかも？

触覚をしっかりと感じる活動を取り入れる

> **活動例**
> ●水遊び、砂・泥んこ遊び（お団子を作る）、ボディペインティング、布団遊び、人間アスレチック、マッサージ遊び、感触遊び（大豆、小豆、小麦粉、マカロニなど）、じゃれつき遊び（お馬さん、ゴロゴロ遊び、バスごっこ）など

Type 2

固有受容覚の欲求が強い

\活動例/
- 相撲、しり相撲、おしくらまんじゅう、重い荷物を運ぶ・持つ、荷物引き、ジャンプ遊び（高さのあるところから、トランポリン、バランスボール）、木登り、布団遊び（挟まるなど）、布団をたたむ／運ぶ、硬めの粘土遊び、綱引き、ぶら下がり（鉄棒遊び、のぼり棒）、プール（水中綱引き、くぐる／潜る）、ロープを使って斜面登り、料理（野菜など食材をちぎる、手でこねる）など

前庭覚の欲求が強い

\活動例/
- 坂道を全速力で走る、ブランコ、高い高い、乗り物遊び（自転車、三輪車など）、滑り台遊び（逆から登る、段ボールジェットコースターなど）など

《 運動を調整する力の発達 》

　園生活の中で、「おもちゃをていねいに扱う」「友達のペースに合わせてゆっくり歩く」など力加減・動きのコントロールが必要な場面はたくさんあります。ガンガンタイプの子どもは、わかりやすい強い刺激を好む一方で、微妙な感覚の違いを繊細に感じ分けることが苦手な場合が多いです。

　運動を調整する力の発達を促すには、「力いっぱい取り組める活動から始めて、次に運動の調整が必要な活動を行う」という順序が大切です。力加減・動きのコントロールが苦手な子どもに対して、最初から後者の活動を行うとうまくいかないことが多いと思います。まずは、力いっぱい取り組める活動を十分に楽しんだ後に、運動の調整が必要な活動へと移行すると、ガンガンタイプの子どもも取り組みやすくなると考えられます。

力いっぱい取り組める活動

運動の調整が必要な活動

Part2　保育活動　45

Type 2

タンバリンにジャンプ

感覚探求

遊び方	●走ってジャンプしてタンバリンを叩く❶。
段階づけ	①音楽を流し続け、その間は思いっきり走りタンバリンを叩く。 ②音楽が止まればストップする。音楽が流れるとまた走る（動きをコントロールする）。 ③徐々にタンバリンの位置を高くしていく。
ねらい	●楽しく身体を動かす遊びの中で、自分の身体を知り、物や人との距離感や身体をコントロールする力を培う。 ●好きなことを何度も繰り返すことで、心も身体も安定し、「楽しい」「できた」といった気持ちを経験する。 ●「動」の活動を存分に楽しむことで、次の活動（「静」の活動）にスムーズに取り組む❷。

留意点

- 一人ひとりの達成感や満足感を大切にする。また、ちょっと難しい遊びにもチャレンジできるようにする。
- 「楽しい」「やってみよう」という気持ちになれるように、タンバリンの高さを一人ひとりに合わせて調整したり、音楽のテンポに変化をつけたりする。

作業療法士の視点

❶ 前庭覚・固有受容覚の欲求を満たす

走る→跳ぶ→叩くの一連の動きには、前庭覚・固有受容覚の感覚刺激が豊富に含まれており、ガンガンタイプの子どもの「動きたい欲求」を満たすとても大切な関わりになります。また、前庭覚・固有受容覚の感覚刺激には覚醒を調整するはたらきもあるため、ウォーミングアップとしてこの遊びを行った後に設定保育に移るようにすると、活動に参加しやすくなる子どもが増えると期待されます。

❷ 「動」と「静」のコントラストと行動調整

走る→止まる→跳ぶ→叩くという一連の流れは、運動のスタート・ストップや、運動の切り替えを学ぶ活動になっています。行動のストップや切り替えが難しい子どもの場合、このような運動遊びでも「止まれない」「切り替えられない」といった姿がよく見られます。遊びの中で楽しく「止まる」「切り替える」体験を積んで、自分の身体を思い通りに使いこなすことができるようになると、行動の調整も行いやすくなると期待されます。

例えば、音楽が止まったときに単にストップするだけではなくて、特定の場所に集まるようにしたり、座る・寝転ぶなど姿勢を変えるようにしたりすると、さらに遊びの展開の幅が広がります。より年齢が高い子どもの場合には、流れる音楽によって動き方を変えたり（後ろ向きやケンケン、スローモーションなど）、途中でルールをあべこべにしたりすると、様々な「動」と「静」のコントラストを演出できるでしょう。

ジャンプしてタンバリンを叩くときにも、その場でジャンプする設定から、跳び箱や巧技台から跳び降りる設定に変えることで、どのくらいの力加減でジャンプするかを考えるよう促すことができるかもしれません。フラフープなどで着地点を設けることで、さらに難易度を上げることもできます。

活動後、忍者になって座って話を聞くという設定も行われており、「動」と「静」のコントラストを明確にした活動設定になっています。

Type 2

やってみよう！ マットよじ登り & ジャンプ

感覚探求

遊び方
- 手足をしっかり使って、マット山によじ登る。
- 頂点で立ち上がって大型マットに跳び降りる。
- 跳び降りた勢いでマットに転がり、衝撃を楽しむ。
- 十分に動いた後に「お昼寝ごっこ」を行う。

ねらい
- マット山へのよじ登りと跳び降りジャンプを組み合わせ❶、狭い室内でも十分に全身を動かすことを楽しむ。
- 足の指で踏ん張ることや、手のひらを広げて身体を支えること❷が安定してきたら、傾斜の角度を大きくし、挑戦する気持ちをさらに引き出す。
- 十分動いた後に「お昼寝ごっこ」❸をすることで、クールダウンをして次の活動へと気持ちを向けやすくする。

留意点

- 傾斜をつけたマット山が崩れないような工夫や安全面への配慮を十分に行う。
- 保育者は山登りの横につきながら、登りにくい子どもの足が滑り落ちないよう足の裏をさりげなく支えたり、頂上で立つために手を添えたりして、「できた！」「もう1度やってみよう」と思えるよう促す。
- 簡単にできるようになった子どもには、もっと遠くに跳ぶなど、次の挑戦目標を提案して、繰り返し楽しめるようにする。

48　感覚の調整に関するトラブル

●たくさんの子どもが1度に遊ぶので、動線がぶつからないように気をつける。また、他の遊びも同時に提供することで、一つの遊びに人数が集中し過ぎないように工夫する。

作業療法士の視点

① 前庭覚・固有受容覚の欲求を満たす

　マット山によじ登ってジャンプする遊びには、前庭覚・固有受容覚の感覚刺激が豊富に含まれています。例えば、よじ登るときに、斜面で身体を支えるために手足にしっかりと力を入れることや（固有受容覚）、ジャンプするときに、フワッと浮いてからドシンと着地すること（前庭覚・固有受容覚）などが挙げられます。マットの傾き具合や柔らかさを変えることで、これらの感覚刺激の質や量にバリエーションをつけることもできます。傾斜の角度を大きくすると難しくなりますし、逆に角度を小さくすると簡単になります。

② 姿勢の発達

　よじ登るときには、四つ這いや高這いの姿勢になります。手や足で体重を支えたり、おなかの筋肉を使って体幹を支えたりする姿勢は、発達においてとても大切です。また、このような活動は、ボディイメージの発達にもつながります。さらに、斜面から落ちないように手でしっかりと体重を支えることで、肩甲骨まわりの筋肉も発達し肩甲骨が安定しやすくなります。これによって、手先が使いやすくなり、ハサミや箸といった道具操作も行いやすくなることが期待されます。

　活動のバリエーションとして、斜面をはしごにしたり、斜面にボールを貼って障害物に見立て、そこに当たらないようによじ登ったりするといった展開が考えられます。より高い年齢の子どもの場合、マット登り以外にも、石垣登りなどに挑戦するのもよいかもしれません。石垣登りでは、岩の配置が不規則になるので、どこに手や足を置けばうまく登ることができるかを考えて、試行錯誤しながら取り組むことが要求されます。このような活動を通して、さらに姿勢の発達を促すことができると思われます。

③ 「動」と「静」のコントラストと行動調整

　激しく動くことと「お昼寝ごっこ」とのコントラストをさらに明白にするために、電気を消したり、毛布をかけたりするといった工夫を取り入れることもできます。また、見立て遊びやごっこ遊びが楽しめる年齢では、「今日は山へピクニックに行きましょう」「気持ちいいね。お昼寝しようか」「朝になったよ～」などストーリーをつけることで、同じ遊びでも新鮮な気持ちでもう一度取り組むことができたり、ストーリーに応じて行動を調整したりすることができるかもしれません。

Type 2

やってみよう！ 寝返りゴロゴロ

感覚探求

遊び方	●床やマットの上で寝転がって遊ぶ。
段階づけ	①1人で自由にコロコロ転がって遊ぶ❶（芋やどんぐりになりきって遊ぶとより楽しめる）。 ②マットなどでコースを定めて、一定の方向に転がる。 ③他児と手をつないで転がる。 ・スタート位置に坂を作り、子どもたちが転がりやすいようにしておく。 ・慣れてきたら平坦な面を転がるようにする。
ねらい	●コロコロと転がりながら身体を柔軟に使ったり、目で他児の姿を追ってぶつからないように気をつけたりする力❷をつける。 ●一定の方向にまっすぐ転がるには、身体をどのように使えばいいかを考えたり❸、先を見て予測しながら進んだりする力をつける。 ●他児と一緒に転がることで、相手とタイミングを合わせる力や、相手の思いや気持ちに気づく力（友達関係）の形成につなげる❹。

留意点

● 自由に寝返りをする中で、子ども自身が「どうすれば前に進めるか」「早く進めるか」などを考えられるように工夫する。
● 左右どちらの方向の回転も楽しめるようにする。

作業療法士の視点

① 前庭覚の欲求を満たす

　寝返りには、回転する感覚（前庭覚）や身体が床と擦れる感覚（触覚）、身体全体の筋肉に力を入れる感覚（固有受容覚）などの感覚刺激が多く含まれています。走ったり、ジャンプしたりすることとは異なり、低年齢児でも取り組みやすい活動です。

② 眼球運動の発達

　寝返りしながら他児にぶつからないように進むためには、自分が動きながらも他児の様子や進む先のマットを見続ける必要があります。そのため、頭の動きに応じて目の動きを微調整する眼球運動のはたらき（前庭動眼反射）の発達につながります（p.118参照）。

③ 粗大運動の発達

　寝返りには、身体を捻る動き（体軸回旋）、重力に負けないように身体を持ち上げる動き（抗重力姿勢）、肘をついて身体を保護する動き（保護伸展反応）など、粗大運動の発達に大切な要素がたくさん含まれます。

④ 運動を計画する力の発達

　子どもは寝返り遊びの中で、自分の身体のイメージ（p.88ボディイメージ参照）を土台にして、寝返った後にどのくらい進んでいるか、どの向きに動くか、といったことを予測する体験も積んでいます。壁や友達にぶつかったときには、自分の身体や空間についてのイメージと、実際の結果との違いに気づいて、運動を修正していくことになります。年齢が上がってくれば「何回寝返ったらゴールに着くと思う？」などと予想してから取り組むことで、運動を計画する力をさらに洗練させることを促せるかもしれません。

Column　過剰に感覚刺激を取り入れる2つの理由

　ガンガンタイプの子どもは、感覚に対する欲求を満たすために、自分でたくさんの感覚刺激を取り入れようとします。そうすることで、覚醒や注意を安定させ、活動に取り組みやすい状態へと脳や身体を整える（自己調整する）のです。しかし、なかには感覚刺激そのものが「報酬（ごほうび）」と直接結びついてしまうために、感覚刺激を過剰に欲している子どももいます。そのような子どもは、自分が好む感覚刺激を絶えず取り入れようとしてしまうので、感覚への欲求を満たそうとしても「気になる行動」の減少にはつながらない可能性があります。別の支援の方向性として、「気になる行動」を社会的に容認されるような行動へと置き換えていくという考え方もあります。

Part2　保育活動　51

そおっと運ぼう

感覚探求

遊び方	●牛乳パックで作った手作り羽子板に、布製の玉入れの玉を乗せ、落とさないように運ぶ❶。
アレンジ	●1人で玉を運ぶ。 ●運んだ玉をリレーのバトン代わりにしてチーム戦にする。 ●たくさんの玉をスタート地点に置いておき、何回も繰り返し運ぶ（一人ひとりの対抗戦、チームや2人組での対抗戦にする）。 ●2人組になり、それぞれの羽子板で玉を挟んで運ぶ。 ●運ぶものを、紙風船や風船、積み木などに変える❷。

ねらい
- ゆっくりした動きや、慎重な動きを楽しく経験する。
- 玉の動きを目で確認しながら、玉を落とさないように羽子板の持ち方、歩き方を調整する。

留意点

- 子どもの遊ぶ様子や身体の使い方から遊びの展開を考え、意欲的に楽しめるように工夫する。
- ルールを複雑にせず、まずは落とさないで運ぶことに集中できるようにする。
- 子どもの状況に合わせて運ぶ物や距離、ルールを変化させて楽しめるようにする。

作業療法士の視点

1 運動の調整

　物を扱うときには、物の特徴に合わせて力加減や運動の方向を調整することが重要です。例えば、硬いボールならギュっと握っても問題ありませんが、泥だんごを同じようにギュっと握ると形がくずれてしまいます。また、水の入ったコップを運ぶときには、コップが傾かないように腕や手の向きを一定に維持しなければなりません。このような運動の調整を上手に行うためには、固有受容覚の情報を細かく感じ分けることが重要になります。

　固有受容覚を感じ分けることの発達は、自分の全力（100％）を知ることから始まります。まずは身体を大きく使った遊びの中で、重い物を押す・引っ張る・よじ登るなど、自分の全力を出し切ることを通して、運動を調整するための大雑把な目盛りが形成されます。その後に、そおっと運ぶなど慎重さが要求される活動に取り組むことで、力加減や運動の方向についての目盛りが細かくなっていき、その分だけ運動の調整ができるようになります。このように、最初にアクセルとブレーキだけをこしらえて、その後に変速ギアを追加していくようなイメージで遊びを展開すると、運動の調整が苦手な子どもも楽しく活動に取り組めると思われます。

2 段階づけ

　最初は、四角い積み木など転がりにくくて羽子板から落ちにくいものや重いものを運ぶようにすると、難易度を下げることができます。逆に、運ぶものを紙風船や風船にすると、転がりやすくなったり、軽過ぎて落ちそうになったりするので、歩くスピードや手首の傾きなどを調整することが必要になっていきます。一度に運ぶ玉の数を増やしたり、道に障害物を置くことで、さらに難易度が上がります。羽子板の素材や大きさを変えて、滑りやすさや落ちやすさを調整しても、難易度を変化させることができます。

Type 2

一緒に運ぼう

感覚探求

遊び方	●2人組になり、1枚の新聞紙を使って部屋の端から端まで布製の玉入れの玉を運ぶ。
ルール	●新聞紙には1度に玉を何個乗せてもよい。 ●新聞紙が破れたら新しい新聞紙を取りに行き、再スタートできる。
アレンジ	●運んだ玉を入れる箱を置いておくと、2人で運んできた玉を新聞紙から落ちないように箱に入れる作業が加わるのでより難しくなる。

ねらい
- 勢いで衝動的に動いてしまう子どもに、「ゆっくり」「そおっと」身体を動かすことを体験してもらう[1]。
- 滑りやすい新聞紙を手指でしっかり持って落ちないようにしたり、引っ張りすぎて新聞紙を破ってしまわないように力を加減したりする経験をする。
- 相手の動きを見ながら自分の身体の動きを調整することを通して、友達の思いや気持ちに気づき相手に合わせる力を育む[2]。

54　感覚の調整に関するトラブル

留意点

- 力を加減する遊びの前には、力いっぱい身体を使う遊びを取り入れておく。
- 速さを競うというよりも、競争を目的とせず、慎重にかつ友達と息を合わせて動くことを大切にする。
- 新聞紙が破れたり、玉が途中で転がったりしたときでも繰り返し遊びを再開できるように準備しておく。

作業療法士の視点

① 運動の調整

　ガンガンタイプの子どもは、動きたい欲求がとても高い傾向にあるので、力加減やスピードなど運動の調整が必要な活動に取り組もうとしても、うまくいかない場合があります。そのような場合には、最初に全力を出し切る活動を行って、その後から徐々に運動の調整が必要な遊びに展開していくとよいと思われます。全力を出し切る活動は、子どもの感覚欲求を満たすだけでなく、運動の大雑把な目盛りをつくることにもつながります。例えば、「レスキュー」(p.38)を行った後に、1人で運動を調整する遊び(p.52「そおっと運ぼう」など)を行って、最後に運動を調整しながら2人で協力する遊びを行うようにすると、参加しやすい子どもが増える可能性があります。

力いっぱい取り組める活動　　　　　　　　　運動の調整が必要な活動

② 身体を通したコミュニケーション

　この遊びでは、新聞紙など物を介しながら、相手に合わせて自分の動きを調整する必要があります。新聞紙や相手の動きを見つつ感じつつ、自分の手の傾き具合や引っ張るときの力加減、歩くペースなどを調整する必要があるので、より高度な遊びといえます。新聞紙を破いてしまうような場合には、タオルや大きめの箱にすると少し難易度が下がりますし、2人ではなく3人、4人で運ぶようにすると、さらに身体を通した他者とのコミュニケーションが要求されるので難しくなります。

Type 3・4　感覚の調整に関するトラブル　過反応（感覚過敏・感覚回避）

不安になりやすい ビクビクタイプと

様々なことを過剰に怖がる

集団を避ける

細かいことに気づき指摘する

ちょっとしたことでイライラして攻撃する

ストレスがたまりやすい イライラタイプ

　ビクビクタイプとイライラタイプとでは現れる行動が異なるため、一見すると感覚の受け取り方に違いがあるように感じてしまうかもしれません。しかし、ともに感覚刺激を過剰に感じ取ってしまうために、落ち着きがなくなったり、情緒的な反応につながったりするという共通した特徴をもっています。例えば、友達の手が触れることを不快に感じ、怖がって逃げてしまったり、または突然キレて怒り出したりする行動に出てしまいます。このように他の人は無害と感じる刺激に対しても「危険」と感じ、「逃走か闘争か」の極端な反応として現れることがあります。行動が違うので一見するとまったく別の原因と考えてしまいがちですが、共通の背景要因をもっているということを理解することが重要です。また不安が強いときや、体調不良のときには普段よりも感覚への反応性が高まるため、ビクビク・イライラがいっそう強く現れることがあります。

各感覚でよく見られる姿

視　　覚	部屋が明るいとまぶしそうにする、たくさんの物があると気が散り集中できない
聴　　覚	突然の音・大きな音を嫌がる、周囲の音で気が散る、必要な話が聞き取れない
嗅　　覚	特定の匂いを嫌がる
味　　覚	特定の味を嫌がる、味が混ざることを嫌がる、味の変化に気づき過ぎる
触　　覚	汚れることを嫌がる、身体に触られることを嫌がる
前 庭 覚	足場が不安定な場所を嫌がる、ブランコに乗ることを嫌がる

支援の方向性

　ビクビク・イライラタイプの子どもは、感覚刺激を過剰に感じ取ってしまうため、不安感・不快感をもちやすいことが特徴です。そのため、生活場面での環境調整や周りの人の配慮により、安心・安全を保障することが大切です。具体的には、①不安・不快な感覚刺激を遮断・軽減すること、②「いつでも逃げられる」という安心・安全を保障すること、③苦手な感覚刺激への適応手段・防衛手段を身につけるよう支援することが重要です。また、日常生活では周囲にいる人からの配慮も必要となるため、生活をともにする大人や他児に理解を求めていくことも支援者の大きな役割となります。

　感覚への過反応がある当事者の体験談に基づいて、環境調整や日常生活での工夫を具体的に挙げます（小道, 2009；ニキ・藤家, 2014）。

不安・不快な感覚刺激を遮断・軽減する

- スピーカーから流れる音量を調整する（聴覚）
- 運動会のピストルをやめて旗でスタートの合図を出す（聴覚）
- イスの足に布をつけることでイスを引く音を軽減させる（聴覚）
- 部屋の明るさを調整する、蛍光灯を白熱灯に変える（視覚）
- カラフル、または、統一感がない装飾は避ける（視覚）
- 他児との接触が少なくなるように席を端にする（触覚）

Column　偏食と過反応

　偏食（いわゆる食べ物の「好き嫌い」）と過反応には強い関連性があります。偏食の理由には、味や匂いだけでなく、食感、温度、噛んだときの音、見た目など、様々な感覚の問題が影響しています。例えば、様々な食感が混ざるチャーハンを食べると、まるで「ケーキと納豆とトマトを同時に口の中に入れたようなチグハグな感じ」がして具合が悪くなるといったエピソードが挙げられます。このような問題に対して、子どもの偏食についての調査報告（立山ほか, 2013）では、「調理方法を変え柔らかくする」「味が混ざらないようにする」「小さな一口サイズに統一する」など、効果的と考えられる様々な対応例が紹介されています。

Type 3・4

安心・安全を保障する

- 静かな場所に入って落ち着くための段ボールハウスを用意する
- 人がいない部屋で落ち着く（クールダウンする）ことを認める
- 集団活動への参加が難しいときには、集団の外から見ることを認める
- 大声で話さない／叱らない
- 身体接触の仕方に配慮する（本人にことわってから触る、見えるところから触る、嫌がったらやめる）
- 水遊びや泥遊びなどの感触遊びでは、お手拭きを横に置いたり、へらの使用を認めたりする

Column　園でのビクビクタイプ⇄家でのイライラタイプ

「園ではお利口さんなのに、家で豹変する」というエピソードを聞くことがあります。

過反応タイプの子どもは、感覚刺激を過剰に受け取ってしまい、情緒が乱れやすくなる傾向にあります。また、情緒の状態は同じであっても行動パターンが園と家とで異なる場合があります。緊張感がある園では不安感・不快感を行動化できずにビクビクタイプに見え、家の安心できる環境になると一気に行動化して、イライラタイプに見えることもあります。園と家庭の両方で情報を共有して、苦手な感覚刺激にさらされることへの配慮を考えていく必要があります。

ビクビク

園での様子

イライラ

家での様子

苦手な感覚刺激への適応手段・防衛手段を身につける

- 帽子を深くかぶる、フードをかぶる、サングラスを着用する（視覚）
- 耳栓、イヤーマフ、ノイズキャンセリングヘッドフォンを使用する（聴覚）
- 本人に合った素材の衣服を身に着ける、自分で選んでもらう（触覚）
- 落ち着きやすくなる特定のアイテムを触る（触覚）
- マスクを着用する、好きなアメをなめる、好きなガムをかむ（嗅覚）
- 毛布にくるまる、マットの間に挟まる（苦手な感覚刺激を感じ取ってしまった後の対処として）

Column　圧迫刺激と鎮静効果

　泣いていた赤ちゃんも抱きかかえられると落ち着くことがあります。また、お昼寝のときに敷き布団の下に手足を入れる子どもや、大人の身体に絡みつくようにして眠っていく子どももいます。このような固有受容覚・触覚のひとつである圧迫刺激には鎮静効果があるといわれています。

　アメリカの作業療法士であるレイノルズ博士らは、18〜40歳の成人を対象に圧迫刺激の効果について調べています（Reynolds et al., 2015）。この研究では、被験者にバユベストという圧迫刺激が得られるベストを3分間だけ着てもらいます。そして、ベストを着る前と後で難しい問題を解いてもらい、ストレスの感じ方にどのような違いがあるかを調べています。

　その結果、ベストを着ているときには、交感神経（身体を緊張させ活動性を高めるときに働く神経）のはたらきが弱まり、逆に副交感神経（身体をリラックスさせるときに働く神経）のはたらきが強まることがわかりました。さらに、ベストを着た後の方が難しい問題の成績が上がりました。狭い所でほっこりしている子ども、物の間に挟まって遊んでいる子ども、お昼寝のときにお布団や大人の下に潜り込んでいく子どもは、そうした行動が「なんだか落ち着くな」ということを知らず知らずのうちに学んできたのかもしれませんね。

Type 3・4

やってみよう！ 安心できる空間

過反応

環境設定
- みんなで一緒に絵本を読む時間に少し離れた位置に座ったり、自由遊びの時間に部屋の隅っこや棚の陰に入り込んで遊んだりしている子どもには、その子どもにとって参加しやすい場所、落ち着く場所を提供するようにした。
- 集団活動への参加を拒んだり、部屋を飛び出したりする子どもには、安心できる狭いスペースを部屋の入口や廊下に用意して、遠くから活動の様子を見られるようにした。

ねらい
- にぎやかな子どもたちの声や大勢の中にいることに疲れてしまう子ども、全体が見える方が安心しやすい子ども、ぐっと近い方が見えやすい子どもなど、一人ひとりの世界の捉え方を理解して、その子どもが過ごしやすい場所・状況を認めることで、安心・安全を保障する[1][2]。

60　感覚の調整に関するトラブル

留意点

- 子どもが自発的に狭いスペースから出てくるタイミングを待つ。
- 保育者の声かけを待っている子どももいるので、一人ひとりの様子を細かく観察して関わる。
- 「みんなと一緒に」を目標にしてプレッシャーをかけてしまわないように心がける。

作業療法士の視点

1 安心・安全の保障

不安・不快に感じてしまう感覚刺激を軽減・遮断できる空間があることで、安心・安全を感じやすくなると考えられます。

安心・安全が保障された場所から、集団活動の流れや他児の動きをじっくり観察することで、「やってみようかな」と参加し始める子どもは少なくありません。安心・安全の欲求が保障されることで、集団活動に参加したいという所属・愛の欲求が芽生えてくると考えられます（p.62コラム参照）。

2 安心感を得るための圧迫刺激

身体全体が「ギュー」っと圧迫される感覚（固有受容覚・触覚）には、情緒を安定させる作用があります。活動の中で、視覚や聴覚からの刺激量が過多になり、覚醒や情緒のコントロールが難しくなったときには、圧迫刺激を得られる活動を設定することで、落ち着きを取り戻してもらえる可能性があります。

Column　安心・安全を基盤にした活動へのチャレンジ

ビクビク・イライラタイプの子どもには、まず安心・安全を提供することが原則になりますが、次の段階へのステップアップを狙っていくことも大切です。例えば、前庭覚に過反応があり、揺れが怖くてブランコに乗れない子どもの姿を思い浮かべてください。この場合、子どもが受け入れられる前庭覚の刺激から始めて、徐々に段階づけをしていくことでチャレンジする気持ちを引き出せる可能性があります。具体的には、姿勢が保てないのが不安でブランコに乗れないようであれば、姿勢の安定が保障されたシーツブランコから始めてみるとよいかもしれません。また、宙に浮く感覚が不安でブランコに乗れないのであれば、シーツの上に座り「そり」のように平面を滑る活動から始めてみるとよいかもしれません。安心・安全を保障しながら受け入れられる感覚の幅を広げていくことも、発達にとって大切な関わりとなります。

Column　マズローの欲求の階層

　アメリカの心理学者であるマズロー博士は、人間の欲求を5つの階層に分類しています（Maslow, 1943）。このモデルでは、より上位の欲求が生まれるためには、それより下位の欲求が満たされていることが必要とされます。まずは、5つの階層が何を示しているかを説明します。

❶ 生理的欲求
　生命維持の根源的な欲求です。摂食、睡眠、呼吸、発汗など身体内部の状態を整えるために行っている本能的行動が該当します。生命維持に必要不可欠なので、新生児ももっている欲求です。

❷ 安心・安全の欲求
　生理的欲求が満たされると、次に安心・安全の欲求が生まれます。身の安全、不安・混乱からの解放が該当します。乳幼児期には、主に養育者との関わりを通じて、この欲求を満たしていきます。

❸ 所属・愛の欲求
　安心・安全の欲求が満たされると、次に所属と愛の欲求が現れます。これは、家族や友達、クラスメイトなどの共同体に加わりたいと思う欲求です。友達と一緒に遊びたい、園でクラスの一員として過ごしたいと思える欲求ともいえます。

❹ 承認の欲求
　所属・愛の欲求が満たされると、次に承認の欲求が芽生えます。これは、自分を優れた人間であると認める自尊心や、他者からの評判、地位、名誉、優越、承認などを求める欲求です。つまり、所属の欲求が満たされると（場の一員として安定すると）、次に他人から認められたいと思うようになることを示しています。

❺ 自己実現の欲求
　承認の欲求が満たされると、次は自己実現の欲求が芽生えます。これは、自分がなり得るすべてのものになりたいと感じる欲求です。目標に向かって歩んでいる状況といえるでしょう。

　これらの中で、大人が子どもたちに求めることは、上位3つの欲求であることが多いです。例えば、クラスで友達と一緒に活動に参加してほしい（所属・愛の欲求）といった願いをもつことがあると思います。これが達成されるためには、より下位にある安心・安全の欲求や生理的欲求が満たされていることが前提となります。集団参加が難しい子どもの場合、不快な感覚が多い、見通しが立たず不安が大きいなど、下位2つの欲求が満たされていないために、上位の欲求へ移行することが難しくなっている可能性があります。
　集団参加を望むのであれば、その子どもにとっての安心・安全が保障されているかを振り返ってみるとよいかもしれません。

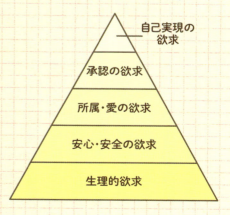

子どもの10タイプ

感覚の識別・フィルターに関するトラブル

⑤ 違いに気づきにくい
わかんないタイプ

感覚の識別に関するトラブルとは？

　私たちには、感覚を識別する機能が備わっています。感覚の識別とは、2つの似た感覚刺激の差異がわかるということです。例えば、今この本を読んでいただいている中でもいろいろな文字が目に入ってきます。その中で、「く」と「へ」という文字は似ているけども異なるということがわかるからこそ、文字を正しく読むことができます。それぞれの文字を構成している線の傾きや長さの違いへの気づきが、文字の違いを認識する基盤となっているのです。他にも、視覚であれば色、奥行き、速度などの違いに気づくことも感覚の識別に当たります。

　感覚の識別にトラブルがあると、これらの差異に気づきにくくなります。感覚の差異がわからないと、「似ているけれど異なるもの」を「同じもの」だと捉えてしまいます。

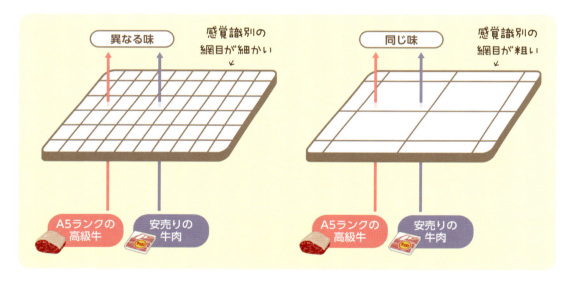

　味覚を例に考えてみましょう。A5ランクの高級牛と安売りの牛肉の食べ比べをしたとします。味覚の識別の網目が細かい人は、異なる網目を通って脳に伝わるため「異なる味」と判断します。一方、識別の網目が粗い人は、同じ網目を通って脳に伝わるため「同じ味」と判断してしまいます。ソムリエやテレビ番組の「芸能人格付けチェック」で毎回正解するような芸能人は、識別の網目が非常に細かいということになります。

　他にも、ピアノの調律師は聴覚の識別の網目が細かいので、微妙な音の違いがわかり、正確にピアノの音を微調整することができると考えられます。

　感覚識別の網目の細かさは人によって異なります。その中で、網目が粗すぎて生活の中で気づくべき差異に気づけないと、家庭や園でのトラブルにつながります。

感覚のフィルターに関するトラブルとは？

　私たちには、意識する前に感覚をフィルターにかける機能が備わっています。私たちの脳には複数の感覚が同時に入力されています。感覚のフィルターは、その中から必要な感覚情報のみを取り出し、残りの感覚情報は意識にのぼらないようにしています。つまり、感覚に対して、「意識にのぼらせる／のぼらせない」という選択や調整をするのがフィルターの役割です。このフィルターがうまく働かないと、不必要な感覚刺激も意識にのぼってしまい、抑制されるべき刺激にまどわされる状況になってしまいます。

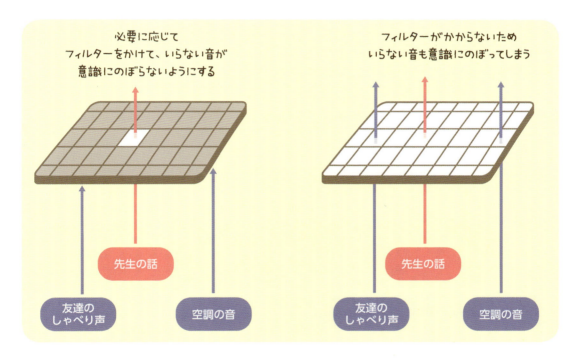

　園で保育者の話を聞く場面を考えてみましょう。保育者の声以外にも、友達のしゃべり声や空調の音も同時に耳に入ってくることがあると思います。そのとき、感覚のフィルターは必要な情報（保育者の声）にだけ注意を向けられるように、他の情報（友達のしゃべり声・空調の音）には抑制をかけ、意識にのぼらないようにしています。

　一方、感覚のフィルターがうまく働かないと、必要のない情報も意識にのぼってしまうため、本当に必要な情報に注意を向けにくくなります。結果的に、保育者の話を聞いていない、理解していないといったトラブルにつながります。

Type 5 　感覚の識別・フィルターに関するトラブル　　識別・フィルターの問題

違いに気づきにくい
わかんないタイプ

どの音に注意を向けたらよいか
わからない

自分のロッカーや
イスを探せない

似ている形の違いが
わからない

　私たちは、受け取った感覚をそのまま感じているわけではありません。必要に応じて感覚の違いを識別し、情報の取捨選択を行っています。このようなことができるのは、得られた感覚を適切な細かさの編目で識別したり、フィルターにかけてふるい分けたりしているからです。しかし、識別の網目が粗かったり、フィルターが機能していなかったりすると、似ているものの違いがわからなかったり、たくさんの感覚情報の中から必要なものを選り分けることが難しくなったりします。

各感覚でよく見られる姿

視　覚	探し物を見つけられない、似ている形や文字の違いがわからない、集団遊びで先生がお手本を示しているのに見ていない
聴　覚	話している先生の方を向かない、音の区別が苦手（例：「た」と「さ」）
嗅　覚	匂いの違いがわからない
味　覚	味の違いがわからない、わかりやすい味を好む
触　覚	身体のどの部分を触られているのかわからない
固有受容覚	やわらかさの違いがわからない、力の入れ方がわからない
前 庭 覚	身体の傾きの違いがわからない

※触覚・固有受容覚・前庭覚の識別の問題は運動面での不器用さとして現れることが多いため、「感覚に起因する姿勢・運動のトラブル」（p.76）もあわせてご参照ください。ここでは、園生活での困り感としてよく挙げられる「視覚」「聴覚」に限定した内容を扱います。

66　感覚の識別・フィルターに関するトラブル

《 支援の方向性 》

　わかんないタイプの子どもへの支援では、感覚の識別・フィルターのトラブルがあっても違いに気づいて、必要な情報に意識を向けられるように、注目するべき情報とそうでない情報との違いをはっきりと際立たせることが大切です。環境を調整することで、どこに注意を向けたらよいかがわかりやすくなり、その結果、どのように動いたらよいかの判断もスムーズになると期待されます。例えば、大きくて色が目立つような目印を使ったり、楽器を使って注意を引いたりすることが挙げられます。以下では、視覚・聴覚に焦点を当てて、支援の例を紹介します。

集合場所、待つ場所、動き方をわかりやすくする

- 集合する場所に目立つ色のシートを敷く
- 待つべき場所をフラフープで示す
- 動線がわかりやすくなるようにテープで線を引く

自分の物の位置、片づける位置をわかりやすくする

- 大きくて目立つシールを使うことで、同じ物が並んでいても自分の物を見つけやすくする
- おもちゃを片づける位置を写真で示す
- トイレスリッパを戻す位置をテープの枠で示す

自分のエリアをわかりやすくする

- 給食のときにランチョンマットを使う
- 自分のエリアと他児のエリアを区切る

聞くべき声をわかりやすくする

- 話す人は台に登って一段高いところに立つ
- 静かな子の隣の席に座る
- ラップの芯などで作ったマイクを持って話すことで、注目すべき人をわかりやすくする

Part2 保育活動　67

Type 5

やってみよう！ 待つ場所の明確化

識別・フィルターの問題

きっかけ
- 「待つ」や「順番」という言葉の意味は、抽象的でわかりにくい。
- 「待つ場所」を明確にすることで「待っている間にすること」「待っていれば自分の番になること（うれしいごほうび）」が明確になると考えた。

方　　法
- 目立つ色のマットを使って「待つ場所」を設置する❶。
- マットはできるだけ同じ物を使うことで、「〇色のマット＝待つ場所」という認識が定着する。

ねらい
- 部屋の中で「待つ場所」を決めることで、「行動」の意味や言語指示の「意図」を理解する。例えば、「緑色のじゅうたんで待っててね」を合言葉にすることで、徐々に待つ場所、待つことの意味がわかるようになる。

感覚の識別・フィルターに関するトラブル

場所を明確にする工夫

作業療法士の視点

1 感覚の差異を活かした場所の明確化

　空間を色や形、線などで区切ることによって、「どこで何をするか」が視覚的にわかりやすくなります。このような支援は、待つ場所、順番、物の片づけ位置など、様々な場面で導入することができ、見通しをもつことにもつながります。

　また、違いを際立たせる方法は、視覚以外にもあります。例えば、右の写真では、視覚に加えて、高さ（前庭覚）やマットの素材（触覚）を変えることで、手を洗う場所の情報がよりいっそう際立っています。いくつかの素材を用意して、触覚の過敏さをもつ子どもは柔らかい素材

複数の感覚を使って違いを際立たせる

へ、触覚への欲求が強い子どもはチクチクする素材へ、というように自分で好きな場所を選んで並べるよう配慮されています。年齢が上がり何をすべき場所かをイメージできるようになってきたら、徐々に色を薄くしたり、区切り線を細くしたりして段階づけるとよいでしょう。

Type 5

自分／他人の エリアの明確化

識別・フィルターの問題

| きっかけ | ●給食の準備のとき、机の上の食器（園の食器なので全員同じ物）を見て「自分のコップがわからない」「机のどの辺りに自分の食器を置くかがわからない」といったトラブルが起こり、中には泣き出す子どももいた。 |

| 方　法 | ①ランチョンマットを用意し、その角に一人ひとりのマーク（棚や下駄箱などに貼る個別のマーク）を目立つように貼りつける。
②給食の準備に「自分のランチョンマットを机の自分の場所に敷く」という工程を加える。
③食器の並べ方を写真にして提示し、子どもが自分で食器をランチョンマットに配置できるようにする。 |

ねらい
- 自分の食器と他児の食器との区別や場所の境界線[1]をわかりやすくすることで、給食の準備をスムーズに行いやすくする。また、安心して気持ちよく給食を食べられるようにする。

留意点

- 食事中、ランチョンマットが机から滑り落ちないように、子どもの身体の真ん前に敷かれているかを保育者が確認し、必要に応じて声をかけたり、裏側に滑り止めのシールを貼ったりする。

作業療法士の視点

1 境界線の明確化

　私たちは見えないながらも、空間の中で自分と他人のエリアをなんとなく感じ取って生活しています。わかんないタイプの子どもは、微妙な違いに気づくことが苦手なので、同じ食器やコップだからと他児のものを悪気なく使ってしまうことがあります。ランチョンマットを敷くことは、見えない自分のエリアを「見える化」し、自分の物と他児の物とを区別しやすくする支援になっています。

　同様に、食器の並べ方についても、子どもたちに求める配置を写真で提示することで、言葉で毎回伝える必要性がなくなると期待されます。

　また、自分の席の位置がわからない子どもの場合、部屋全体が見えるように俯瞰で捉えられるようにすると、自分の位置をスムーズに見つけられるようになる可能性があります。

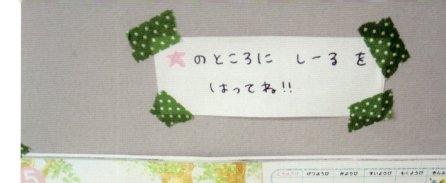

やってみよう！ 位置の明確化

識別・フィルターの問題

きっかけ
- シール帳の見開きには、絵や日付の数字、既に貼られているシールなど、様々な視覚情報がある。「今日のシール」を貼る位置を探せなかったり、他の情報に注意が向いて支度に時間がかかってしまったりする子ども[1]がいた。
- コップを置く位置やシール帳を置く位置を1つずつ確認しないと1人で支度することが難しい子どもがいた。

方法
- 「今日のシール」を貼る位置に、わかりやすい色で印をつけた見本を掲示しておく。
- コップやシール帳、タオルなど、それぞれの物を置く位置やその手順をわかりやすく明示する。

ねらい
- できるだけスムーズに自分で朝の支度をする。
- 「今日は、○日」と数や日付、曜日への興味を促す機会にする。

お片づけする位置の明確化

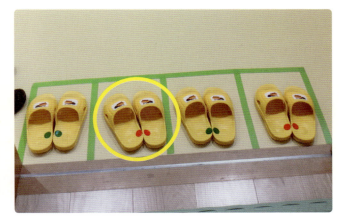

作業療法士の視点

❶ 視覚的に位置を明確化する環境設定

　シール貼りは登園して最初に行う作業なので、シールを貼れた達成感をもって気分よく1日のスタートを切りたいものです。しかし、たくさんの視覚情報の中から今注目すべきところを探すのが苦手な子どもにとっては、失敗体験となってしまうこともあります。「今日のシール」を貼る位置にわかりやすいマークを書くことで、注目すべきところが強調され、シールを貼る位置の間違いを未然に防ぐことができるかもしれません。

　他にも、自分のロッカーの位置を自分専用のマーク（シール）で示すことがありますが、普通のシールの大きさでは見つけにくい子どももいます。そのような場合は、拡大コピーしたものを貼りつけるとよいでしょう（上の写真の左下）。

　また、トイレのスリッパについても、スリッパを置く位置を視覚的に示すとともに、左右のスリッパの内側にシールを貼ることで、組み合わせると一つの形になるように工夫する方法もあります。「スリッパを揃えましょう」と注意する必要が少なくなり、子どもたちが自主的にスリッパを揃える姿が見られやすくなります。

Part2　保育活動　73

Type 5 ＼園で発見！／ わかりやすい提示の工夫

集団活動編

ちょっとした工夫で、待つ場所や動線が明確になり、子ども同士のトラブルや保育者の注意の回数が減ることがあります。実際の園での取り組みを少しのぞいてみましょう。

「待つ場所」の明確化

サーキット遊びのルートの明確化

順番を待つ位置の明確化

作業療法士の視点

集団活動では、「自由度」と「枠組み」のバランスが大切です。自由度とは、活動の中で子どもたちがアレンジを加えたり、工夫したりできる幅のことです。また、枠組みとは、活動の中で一定の決まったルールに沿って動くことです。

例えば、自由度が高い一方で枠組みの度合いが低すぎると、子どもたちの動きが拡散しすぎて集団活動として成立しない場面が増えてしまうかもしれません。かといって、自由度が低すぎて枠組みの度合いが高すぎると、「遊び」ではなくなってしまい、子どもたちが創造性を発揮する機会を奪ってしまいます。

上の写真は、必要最低限の枠組みを視覚的に提示することで、言葉での指示を少なくして、子どもたちが自分で判断して動けるよう促していることがわかります。

朝の準備編

Ⓐ 場所ごとに工程を分ける例

❶ スタート　❷ シールを貼る　❸ シール帳を入れる　❹ コップを流し場に置く　❺ タオルを吊る　❻ カバンをかける

導線を考えた場所の配置

Ⓑ 準備する場所を1か所にまとめる例

★ 部屋に入る前に廊下で朝の準備を一気に済ませることで、部屋で遊んでいる他児に注意が向いて準備がおろそかになることを防ぎます。また、工程がわかりやすくなるように写真で順番を示します。

作業療法士の視点

　朝の準備では「これして、あれして、これして…」と複数の工程を順序立てて行う必要があります。手順を覚えきれず見通しが立ちにくい子どもや、他の感覚刺激（友達の声、遊んでいる他児の姿など）に翻弄されやすい子どもの場合、一筋縄ではいきません。
　どこで何をしたらよいかがわかりにくい子どもにとっては、場所とやることが1対1に対応しているⒶの方法が好ましいかもしれません。また、周囲の感覚刺激に惑わされて注目すべきことに集中できない子どもにとっては、Ⓑの方法が適している可能性があります。クラスの子どもたちの特性に応じて、支援の方法も柔軟に変えていくことが大切です。

子どもの10タイプ

感覚に起因する姿勢・運動のトラブル

⑥ 姿勢を保てない
ぐにゃぐにゃタイプ

⑦ 身体の動きがおぼつかない
ギコチナイタイプ

⑧ 手先が不器用な
ブキッチョタイプ

⑨ 両手動作が不器用な
両手ブキッチョタイプ

⑩ 動きを目で追えない
どこいったタイプ

感覚に起因する姿勢・運動のトラブルとは？

　感覚の捉えにくさは姿勢・運動の問題としても現れます。様々な感覚が脳に届き、まとまった情報として処理された結果、姿勢の変化や手足の運動が起こります。例えば、つまずいて転んだときのことを考えてみましょう。足が引っかかった感じ（固有受容覚）や何かに当たった感じ（触覚）、頭が傾いた感じ（前庭覚）をキャッチし、とっさに手を伸ばして身を守ろうとするはずです。逆に、これらの感覚の捉えにくさや処理のしにくさがあると、転んでも手が出ずに顔を擦りむいてしまうかもしれません。このように、基本的な運動であっても、感覚で捉えた情報を基に私たちの身体は運動を起こしているのです。

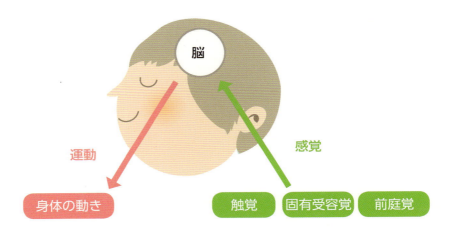

　以下では、感覚の捉えにくさや処理の問題に起因する姿勢・運動のトラブルを、姿勢、ボディイメージ、手の微細運動、両手の協調動作、眼球運動の5タイプに分類して紹介したいと思います。

Type 6 | 感覚に起因する姿勢・運動のトラブル | 姿勢の問題

姿勢を保てない ぐにゃぐにゃ タイプ

よく転ぶ、転んだときに手が出ない

筋肉が柔らかく身体がぐにゃぐにゃしている

姿勢が崩れやすい

　姿勢を保ったり、身体をしっかりと支えたりするためには、前庭覚と固有受容覚の情報が適切に脳に届き、これらが統合される必要があります。ぐにゃぐにゃタイプの場合、これらの感覚情報が脳に届きにくく、身体の傾きに気づかなかったり、適切に筋肉の張り具合を調整できなかったりすることがあります。その結果、姿勢が徐々に崩れる、重力に抗った姿勢（座位や立位）を保てないといった姿が見られやすくなります。

　前庭覚や固有受容覚の情報をもとに姿勢を保つことは、日常的には無意識に行われているのですが、このタイプの場合、姿勢を保つことそのものにも意識を働かせる必要が出てきます。そのため、よい姿勢を意識して保とうとすると、本来、意識しなければならない活動がおろそかになってしまう場合もあります。

　また、姿勢をしっかり保つことは、手先や眼球を思い通りに動かすための土台でもあります。したがって、姿勢が崩れやすい子どもは、手先の不器用さや眼球運動の苦手さを併せもっている可能性もあります。

〈 支援の方向性 〉

「姿勢を保つ力を育てる発達的視点」と「姿勢を保つことを補う環境設定」の2点を紹介します。

姿勢を保つ力を育てる発達的視点

姿勢の発達を促すためには、「抗重力姿勢（重力に負けないようにすること）」と「身体のバランスをとること」の2つに焦点を当てた活動が有効です。赤ちゃんの運動発達を観察すると、前者の「抗重力姿勢」の発達が土台となって、後者の「姿勢バランス」が発達し、さらに難しい姿勢に挑戦する姿がみられるようになっていきます。

抗重力姿勢　　　　姿勢バランス　　　抗重力姿勢＆姿勢バランス

姿勢を保つことを補う環境設定

今もっている能力でも姿勢を保ちやすくするために、机やイスを工夫することも大切です。また、様々な姿勢の特徴をもつ子どもたちが、自分でイスを選べるようにする工夫もあります。さらに発想を変えて、イスではなくバランスボールや一脚イスに座るようにしたり、寝そべった姿勢でも参加できるように活動そのものを工夫したりすることで、集団遊びが成立しやすくなった例もあります。

背もたれの設置

身体を包みこみ姿勢を安定させるイス

写真：ZAFUキンダー（株式会社アシスト）、製作開発中

Type 6

やってみよう! 動物になろう

姿勢の問題

遊び方
- 日ごろからクラスで見ている、動物がたくさん登場する手作りの大型絵本を見ながら、いろいろな動物になりきる。
- 四つ這いや、ぴょんぴょんジャンプなど、思い思いに身体を動かして動物の動きを模倣する。
- 部屋でのまねっこには照れてしまう子どもでも、廊下に出て動物になりきってかけっこをすると喜んで取り組むことがある。
- 絵本の流れがわかっているため、次に出てくる動物を予想しており、ページを開いた瞬間に子どもが自発的にその動物の模倣を楽しむことがある。

ねらい
- 様々な動物の動きの模倣を楽しむ[1][2]。
- 走ったり、ジャンプしたりと思いっきり身体を動かす活動を楽しむ。

留意点

- 他児と一緒に行う活動には参加しにくい子どももいるので、部屋だけでなく廊下やホールなども使い、表現しやすい環境づくりをする。
- かけっこ感覚でスピードを競うことにより、模倣の苦手さや照れくささを感じる子どもも楽しめるように工夫する。
- 模倣が苦手な子どもには、手を添えて動きを伝えたり、「ジャンプでぴょんぴょん」「のっしのっし」など動きを言葉にして伝えたりする。

作業療法士の視点

① 人類の進化や赤ちゃんの発達プロセスをなぞる

　人間の姿勢の発達は、ちょうど人類の進化のプロセスをなぞるように進んでいきます。爬虫類・両生類の腹ばい移動から、哺乳類の四足移動、ヒトの直立二足歩行へと進化のプロセスになぞらえて身体を動かすことで、より安定した姿勢をつくることができると考えられます。

　座っている姿勢や立っている姿勢が不安定な子どもの場合は、特に仰向けやうつ伏せの姿勢や四つ這い姿勢の中で重力に負けないように姿勢を保ったり、四つ這いや高這い姿勢でバランスをとったりする機会が重要です。重力に負けない様々な姿勢に挑戦することは、体幹の筋肉の活動性を高めることにつながります。

　また、四つ這いや高這い姿勢への挑戦は、体幹と頭・腕・脚のつなぎ目である首や肩甲骨まわり、股関節まわりの筋肉の安定性を高めることにもつながります。このような姿勢の発達が基盤となって、眼球や舌、手足を思い通りに動かせるようになります。

② 段階づけ

　「ダンゴムシ（うつ伏せ）⇒クマ（四つ這い）⇒トリ（立位）」のように、進化や発達の順序に沿って姿勢を変えていくことが基本です。ここから、姿勢を変えるスピードを速くしたり、寝ている姿勢からすぐに立ち上がるなど発達の順番をスキップしたり、反対にジャンプした後に寝そべるなど発達とは逆向きに姿勢を変えたりしてバリエーションをつけることができます。

　また、平面の床でなく、凸凹した地面や狭いブロック上で落ちないように移動するなど、よりバランスが要求されるような設定にすると活動の難易度が上がります。

Type 6

やってみよう！ 箱押し

姿勢の問題

遊び方
- 子どもが両手で押すのに適度なサイズの段ボール箱を用意する。また、箱の中に物を入れて重さのある段ボール箱も用意する。
- 自由遊びの時間などに、部屋に置いて押して遊べるようにしておく。
- 空の段ボール箱に他児を乗せて押したり、押してもらったりして楽しむ。

ねらい
- 乳児クラスの子どもは、歩くことが楽しくなってくると、物を押して遊ぶことにも挑戦するようになるので、身体のバランスを意識しながら手足に力を入れて楽しめるような遊びを設定した[1]。
- 日常生活の中で、他児を押したりぶつかったりしてトラブルに発展する姿も見られるので、楽しい遊びの中で手足を踏ん張り、存分に力を発散させる機会を保障する[2]。
- 軽い箱を押すときには、箱がひっくり返らないように運動を調整する。

留意点

- 最初はすぐに倒れてしまったり、身体のバランスを保てなかったりするので、保育者がそばにいて支えたり、「お荷物運んでください」と言いながら物を入れて箱を重くしたりするなど、個々の状態に応じて関わり方を変える❸。
- 軽い段ボール箱はバランスを崩すと転倒につながるので、低年齢児が遊ぶときには、段ボール箱の高さや重さに配慮する。

作業療法士の視点

❶ 姿勢の発達

段ボール箱をグッと押して進む遊びは、立ち姿勢よりも重心が低くなるため、手で体重を支えることになります。段ボール箱の高さが低くなるほど、高這いの姿勢に近くなります。頭の位置が下がり、手で体重を支えるような遊びは、肩甲骨まわりや首、体幹の筋肉の活動性を高めることにつながります。これらの部位が安定すると、手先や眼球、舌が使いやすくなります。また、荷物の入った重い段ボール箱を押す活動は、しっかりと踏ん張って身体を支える力を育みます。逆に、軽めの段ボール箱を押す活動は、滑りやすい段ボール箱に合わせてバランスをとる力を育みます。

❷ 感覚欲求を適応的に満たす

グッと手足で踏ん張ったり、スピードを出して思いっきり動いたりすることで、固有受容覚や前庭覚の刺激をたくさん受け取ることができます。ガンガンタイプ（p.42参照）の子どもの「力いっぱい身体を動かしたい欲求」をしっかりと満たす活動として導入してみるのもよいかもしれません。

❸ 段階づけ

段ボール箱の高さを低くしていき、高這いの姿勢に近づけていくほど、難易度が上がります。高這いのようにしゃがみ込んだ姿勢は「中間位姿勢」とも呼ばれ、体幹や脚の筋肉を総動員して姿勢を保ったりバランスをとったりすることが要求されます。また、まっすぐ進むだけでなく、障害物をよけて進むなど、運動のコントロールが必要な設定にすると、さらに難易度が上がります。他にも、段ボール箱を動かすときの力加減や左右の手足の協調、障害物を避けるために運動を組み立てる力などを育むことにもつながります。

Type 6

やってみよう！ 鉄棒わたり

姿勢の問題

遊び方
- 同じ高さの鉄棒2本を子どものお尻や身体が落ちない幅に置く。
- 鉄棒の支柱から登り、背を伸ばして座り、腕の力で前に進んでいく。
- 両手同時に操作したり、交互に操作したりして前に進む。
- 端まで行ったら、上半身を鉄棒につけてバランスをとり、足を片側に移動させて降りる（登り降りが難しい子どもは、保育者の立て膝などを踏み台にする）。

ねらい
- 鉄棒の上で身体の傾きを感じながらバランスをとる。
- 腕の力を使って身体を移動させることを楽しむ。
- バランス感覚と全身をコントロールする力[1]を育む。
- 園庭遊びのときに常に鉄棒を設置しておくことで、動きが慎重な子どもも「やってみようかな」と取り組みやすくなる。

84　感覚に起因する姿勢・運動のトラブル

留意点

- 鉄棒の上で身体を起こすことが怖いようなら、上半身を鉄棒につけた状態にしてもよいが、足まで鉄棒に乗せてしまうとかえって不安定になるので、両足を広げてバランスをとるように伝える。
- 下や前が見えすぎて怖いようなら、保育者が子どもの視界に入るような位置に立ったり、鉄棒の下に敷いているマットの位置を高くしたりして、安心して取り組めるようにする。
- 上達してきた子どもには、鉄棒のサイズを変えて、少し高く、少し長いもので挑戦❷できるようにしていく。

作業療法士の視点

❶ 姿勢の発達

狭い場所の上で落ちないように身体を支えつつ移動する活動は、バランスの発達につながります。うつ伏せや座位で進むときには、両手にグッと力を入れて身体を引き寄せることが必要になるので、両手の協調動作（p.110参照）を育てることにもなります。また、その土台となる身体の中心軸を見つけやすくする活動にもなっています。

❷ 段階づけ

2本の鉄棒の間隔を狭くすると、より高度なバランスが求められるようになるので難しくなります。左右にバランスが崩れやすくなるので、身体の傾きに素早く気づいて対処することが必要になります。また、進むにつれてだんだんと間隔が狭くなっていくような設定にすると、鉄棒の幅に合わせて手足や体幹の位置を柔軟に変える必要が出てくるので、運動を組み立てる力も要求されるようになります。

鉄棒をわたるときの姿勢によっても難易度は変化します。腹ばい姿勢では主に左右のバランスだけに気をつければいいのに対して、座位では前後のバランスも必要になります。

年齢が上がってくれば、鉄棒を1本にする、鉄棒に角度をつける、高這いや立った姿勢でわたるなど、よりバランス能力が必要な設定にしてみると、さらに楽しめるでしょう。

Type 6 園で発見！ 遊びアラカルト

よじ登り遊び

作業療法士の視点

- よじ登り遊びは、重力に逆らう方向に身体を動かすため、抗重力姿勢の発達につながります。また、手足と体幹で踏ん張る中で、特に肩甲骨まわりや体幹、股関節まわりの大きな筋肉の活動性を高めることができます。これらの筋肉の発達は、手足をスムーズに動かすための土台となります。
- さらに、これらの遊びでは、自分の身体を支えるだけでなく、次の場所へと身体を動かす必要があり、手足をどの順番で、どの位置にもっていくとよいかを考える機会にもなっています。凸凹した場所やロッククライミングなどでは、より高度な姿勢保持とバランス、そして運動を組み立てる力が求められます。
- よじ登り遊びは、手で身体を支えなければなりません。柔らかいマットや硬い巧技台、ざらざらした岩場など、地面の素材を様々に変えることで、豊かな触覚・固有受容覚の刺激が得られます。このような手足の探索的な使用は、手で物を識別する力を高め、微細運動の発達にもつながります。

バランス遊び

作業療法士の視点

- バランスをとるための姿勢反応には、①身体が傾いたときに頭や体幹を垂直に立て直そうとする「立ち直り反応」、②身体が傾いた状態のまま姿勢を保とうとする「平衡反応」、③バランスが崩れて転びそうになったときにパッと手足を伸ばして身体を支える「保護伸展反応」の３つがあります。いずれも、姿勢の変化を感じ取り、それに対応しようとして起こる反応です。上のような遊びを通して、これらのバランスをとる力を養うことで、転びにくくなったり、転んでも手をついて顔を守ることができるようになったりします。
- うつ伏せ、座位、立位などそれぞれの姿勢でバランスをとる遊びをすることで、バランスの発達はより洗練されていきます。また、バランスをとりながら姿勢を変える遊びにすると、さらに難しい挑戦になります。同じ活動でも異なる姿勢をとって遊ぶことで、毎回新鮮な気持ちで遊びを楽しむことができるでしょう。

Type 7

感覚に起因する姿勢・運動のトラブル ― ボディイメージの問題

身体の動きがおぼつかない
ギコチナイ タイプ

よくつまずいたり、
ぶつかったりする

手遊びや動きのまねが苦手、
繰り返しても覚えられない

新しい遊びが苦手

　ボディイメージとは、自分の身体に対するイメージのことで、主に触覚・固有受容覚・前庭覚をもとに形成されます（p.11コラムも参照）。ボディイメージには以下の2つの種類があり、普段ほとんど意識されることはありませんが、私たちが自分の身体を思い通りに動かす際に非常に重要な役割を果たしています。さらに、ボディイメージの発達は、生活動作や遊び、他者とのコミュニケーションの土台としても大切です。

① 身体の輪郭や大きさのイメージ

　背中やお尻など、見えないところも自分の身体であるとわかるのは、ボディイメージのおかげです。自分の身体の輪郭や大きさが把握できていないと、明らかに自分の幅よりも狭いところを無理矢理通ろうとしたり、相手との距離感がつかめずぶつかってしまうことがあります。

② 身体がどこまで、どんなふうに動くかのイメージ

　跳び越せそう、支えられそう、落ちずに乗っていられそう、といった運動のイメージや、腕や手や指、足の関節がどのように曲がるのかといったイメージを指します。身体の動きのイメージが把握できていないと、無茶で危険な遊びをしようとしたり、逆に身体を動かす遊びを避けたりする場合があります。自分の身体がどのように動いているのかわからないので、他者の動きを模倣することも難しくなります。手遊びやお遊戯では、他児と違う動きをしてしまったり、動きがワンテンポ遅れてしまうことが見られやすくなります。また、新しい運動を学習するときに、繰り返し練習してできるようになったとしても応用が利きにくいという特徴をもっています。

支援の方向性

　ボディイメージがはっきりしていないと、自分の身体の位置や運動の変化に気づきにくかったり、何度練習しても動きを覚えられなかったりします。その結果、頑張っても努力が結果につながりにくく、失敗体験からイライラが増す、運動会や発表会が近づくと不安を感じる、新しい遊びを避けてできる遊びばかりを繰り返すといった様子が見られやすくなります。

　そのため、支援の際には、できないことを何度も繰り返し練習するのではなく、自分の身体を確かめる活動を、子どもが「できそう」と思う範囲からていねいに展開していくことが大切です。無理強いすることなく、高さや傾きなどの難易度を段階づけながら、安心・安全をしっかりと提供するようにしましょう。おままごとや戦隊ごっこなどの「なりきる役割」を提供することも、子どもの気持ちのサポートや、身体を動かす目的をつくるうえで有効かもしれません。

身体の輪郭や大きさへの気づきを促す活動

乾布摩擦・お風呂でゴシゴシ

布や布団でサンドイッチ

トンネル

身体の動きへの気づきを促す活動

ジャングルジム

よじ登り

　ボディイメージがはっきりしてくると、運動や遊びのバリエーションが増えていきます。身体の輪郭や大きさ、動きの把握によって、身体の外にある環境（道具や他児）にも関心が向きやすくなり、新しい遊びにも自分から挑戦する姿が見られやすくなります。他児の遊びに関心を寄せたり、自分ができたことを大人に披露したりと、他者とのコミュニケーションも豊かに広がっていくことが期待されます。物や他者との円滑なコミュニケーションは、自分の身体とのやりとりから始まるのです。

Type 7

やってみよう！ 触れ合い遊び

ボディイメージの問題

経　　緯	●親子参加型の子育て支援事業での取り組みの中で、毎回「触れ合い遊び」を行っている。
遊び方	●寝転んだ子どもの手指や足指を1本ずつ、保護者の指で軽くつまんだり引っ張ったりして刺激する❶。 ●子どもの顔に保護者の顔を近づけて声をかけながら、お腹や腕、脚を保護者の手のひらで優しくなでる。 ●触れ合い遊びの歌を歌いながら、保護者の指や手のひらを使って子どもの全身を触り、親子の触れ合いを楽しむ。

ねらい
●親子の触れ合いを通して、保護者が子どもの表情や気持ちを感じる。また、子どもの身体や感覚の特性を知る。
●保護者は「子どもに触れる心地よさ」、子どもは「親に触れてもらう心地よさ❷」を感じる。

90　感覚に起因する姿勢・運動のトラブル

留意点

- 急に触られると緊張する子どももいるので、「子どもの顔を見て声をかけながら触ってね」と最初に説明しておく。
- 子どもたちが保護者の表情や気持ちを感じられるよう、また、保護者も子どもに触れる心地よさを感じられるように「気持ちいいね」などと言葉にして伝えていく。
- 身体を触られたときの子どもの様子をていねいに観察する。過敏さが見られる場合は、保護者にわかりやすく説明し、日常生活で子どもと関わるときの工夫や配慮についてアドバイスする。
- 「触れる心地よさ」「触れてもらう心地よさ」が、子どもの発達にどうして大切なのかをていねいに伝えていく。

作業療法士の視点

❶ ボディイメージの発達

　赤ちゃんは、触れること、触れられることを通して自分の身体の輪郭を把握し、身体の内側にあるものと外側にあるものとを知り分けていきます。保護者の優しい手の温もりがお腹や背中、手足の指1本1本に伝わり、「触られたのはどこかな？」「ここはくすぐったいや」などと感じることを通して、身体のイメージが形づくられていきます。歌遊びの中で「ギュギュッ」「ゴシゴシ」などといろんな触れ方をすることは、子どもたちの身体のイメージをより豊かに育むことにつながるでしょう。

❷ 触れられることの安心感

　触覚は皮膚を通して感じます。皮膚は身体全体の表面を覆っているので、自分の身体の内側と外側との境界を伝えてくれる器官でもあります。保護者との触れ合い遊びの中で、抱っこされたり、優しくさすられたり、くすぐられたり、ときにはツンツンとつつかれてみたりすることを通して、お母さんとの基本的な信頼関係だけでなく、自分の身体への信頼感・安心感も育まれていきます。保護者の笑顔、優しい声、心地よい揺れや感触など、いろいろな感覚を提供しながら親子で一緒に楽しむことで、これらの信頼感・安心感はさらに確かなものになっていきます。親が笑うと子どもも笑い、親がリラックスしていると子どももリラックスしやすくなります。触れ合い遊びは子どもたちの身体と心をほぐし、自己・他者との基本的な信頼関係をつくる土台となります。

（p.13 コラムも参照）

Type 7

やってみよう！
ボールプール

ボディイメージの問題

遊び方
- ビニールプールを部屋に置き、触ったり、出たり入ったりすることを楽しむ。
- カラーボールを入れて「ボールプール」にして、中に入って遊ぶ。
- ボールに触る、ボールを投げる、プールに入れる、他児に手渡すなどのやりとりを楽しむ。

ねらい
- 夏のプールが始まる前に、子どもたちが大好きなボールを使って「プールに入ること」に慣れ親しむ。
- ボールプールの中に入る心地よさを楽しむ。
- 遊びながら自然に自分の身体のイメージを把握する[1]。
- ボールプールに「入ること」と「出ること」とを繰り返す中で、身体の動かし方の違いを感じる。
- ボールに包まれることを通して安心感を得る[2]。

留 意 点

- プールに入ることに抵抗がある子どもには、無理強いするのではなく、プールを常に出しておくことで自然に「やってみよう！」と思えるように工夫する。
- ボールに包まれている安心感が十分に得られるよう、他児との距離感に配慮し、激しくぶつからないようにする。

作業療法士の視点

❶ ボディイメージの発達

　下半身をボールプールにうずめたり、頭まで潜ったりして全身がボールに押される遊びは、身体の輪郭や大きさへの気づきを促します。一緒に入っている他児が動いたり、大人がプールごと揺さぶったりすると、ボールが動くことで触覚・固有受容覚が変化して、さらに身体の輪郭がわかりやすくなります。さらに、ボールプールに入っている部分は目で見て確認することができないので、見えない身体の部位がどこにあるか、身体がどんなふうになっているかといったことを、視覚ではなく触覚や固有受容覚を頼りに把握することにつながります。ボールの雨を降らしたり、素材を新聞紙に変えたりすることで、さらに多様な感覚を楽しむことができるでしょう。

　また、プールのふちに手をついたり、よじ登ったり、足をかけたりすることを通して、身体の動きのイメージも形成されていきます。プールのふちについた手にどのくらい体重をかけてよいか、バランスを崩さないように足をあげるにはどうしたらよいかなど、自分の身体でできることを学んでいきます。

　プールの底が見えず、深さがわからなくて不安を感じてしまう子どもの場合には、まず空のプールに入ってみて、その後にボールを入れるようにするとよいかもしれません。

❷ 包まれることの安心感

　ボールにギュッと包まれると、自分の身体の輪郭をよりはっきりと感じることができます。自分の身体を確かめることは、気持ちのリラックスや情緒の安定にもつながります。新しい挑戦やちょっと難しい活動をする前の準備的活動として、このような遊びに取り組んでおくとよいかもしれません。

Type 7

やってみよう！ トンネル

ボディイメージの問題

遊び方
- 四つ這い❶でトンネルの中をくぐりぬける。
- トンネルの高さや幅を狭めて窮屈にする❷など、いろいろな設定で楽しむ。
- トンネルから出てきたら「ばぁ〜っ！」と呼びかけて楽しむ。

アレンジ
- 月齢が高くなると、狭い空間に友達と一緒に入ったり、身体を寄せ合ったりして、触れ合いの楽しさ、心地よさを感じられるように工夫する。
- 同じ遊びで飽きてくることもあるので、トンネルの上からカバーを被せたり、出入口にカーテンやのれんをつけたり、トンネルの大きさ自体を変えたりしてバリエーションをつけていく。

ねらい
- 常にトンネルを室内に設置しておき、静かな空間や狭い空間を好む子どもが安心して過ごせるようにする。
- 物に合わせて、いろいろな身体の使い方で移動することを楽しむ。

留 意 点

- 保育者が子どもの動きや表情、視線などを捉えることができるように、すぐそばで関わる。
- トンネル内の空間を好み、その場に留まる子ども同士でトラブルになったり、身体を触れ合わせることが苦手な子どもがいたりする場合は、同じような物を複数用意することもある。
- 不安な子どもには無理強いしないよう配慮しつつ、興味をもてるように誘い方や遊び方を工夫する。

作業療法士の視点

① 四つ這い

　四つ這いは、体幹の安定性や手足の操作など、その後の様々な運動発達の土台となるとても大切な姿勢です。重力に負けないように身体を上方に引き上げたり、手足で自分の体重を支えたりすることを通して、しっかりと踏ん張ることのできる安定した姿勢が育っていきます。体幹が安定すると、手や足など、身体の末梢にある部分をより思い通りに動かせるようになります。また、交互に手足を動かして移動することは、手－足や右手－左手を協調的に動かすという協調運動の発達にもつながります。トンネル遊びに慣れてきたら、トンネルの下側にクッションをまばらに敷いてでこぼこ道にしたり、坂道の上にトンネルを置いて登り降りできるようにしたりすると、四つ這いの中での身体の使い方にバリエーションをもたせることができます。

　四つ這いがうまくとれない子どもの場合には、トンネルを高くして、立ったままくぐるような設定から始めるとよいかもしれません。少しずつ高さを下げていったり、出入り口や途中だけトンネルの天井をへこませたりして、低い姿勢で移動する体験を積んでいくことで、四つ這い姿勢への抵抗感もなくなっていくと思われます。

② ボディイメージの発達

　かがみこみが浅くてトンネルのふちに頭を当ててしまったり、トンネルの中で立ちあがろうとしてしまったりする場面がよく見られる遊びです。このような試行錯誤を繰り返す中で、子どもは自分の身体の輪郭や大きさ、動きを知っていきます。ある程度くぐりぬけられるようになったら、トンネルの中にソフトブロックやクッションを入れて障害物にしたり、マットや布団を丸めていろんな素材・形のトンネルを作ったりすると、身体の動かし方のバリエーションがさらに広がります。また、月齢が高い子どもの場合、仰向けやブリッジ、ほふく前進で進むなど、普段しない身体の使いかたを促すことで、さらに自由自在に身体を動かせるようになると期待されます。

　トンネルに不安を感じる子どもの場合、フープや透明なビニール袋をトンネルに見立ててくぐるなど、視界を遮らないものから始めるとよいでしょう。慣れてきたら、少しずつ長さを足したり、視界を遮ったりして段階づけをしていくことで、安心しながら挑戦できるかもしれません。

Type 7

やってみよう！ クモの巣

ボディイメージの問題

遊び方
- ゴム紐を部屋中に張りめぐらせてクモの巣に見立て、クモの糸に触れないようにくぐったりまたいだりする。
- コースを決めてリレー形式にする、2人組で手をつないだまま進むなど、他児と協力するような展開にして繰り返し楽しむ。
- ゴム紐を張りめぐらせる際、高さや間隔を変えて難易度を調整する。
- ゴム紐に触れないように声をかけ、慎重に身体を動かす。

ねらい
- ゴム紐に触れないようにするために、どれだけ姿勢を低くしたらよいか、どのくらい足を上げたらよいか❶といったことを考えながら、楽しく遊ぶ。
- 遊びを通して、自分の身体のコントロールだけでなく❷、気持ちをコントロールする力をつける。

感覚に起因する姿勢・運動のトラブル

留意点

● ルールの理解に時間がかかる子どもは順番を後ろの方にして、他児の姿を見て何をするのか理解してから取り組めるように配慮する。

● 他児の動きをじっくり見ることで、自分の身体の動かし方やクモの糸との距離感をイメージするように促す。

● チーム対抗のリレー形式にすると、速くゴールすることに気持ちが向いてしまいがちだが、競争を楽しみながらも慎重に身体を動かすこと[3]に注意を向けるように工夫する。

作業療法士の視点

① ボディイメージの発達

　ゴム紐の張り方によって身体の動かし方が毎回変わるので、子どもにとってはそのたびに新しい挑戦になります。間隔の狭さや高さ、傾斜の度合いに合わせて、ゴム紐に当たらないようにバランスをとりながら片足を上げる、姿勢を変えるなど、自分の身体の大きさや動きに積極的に意識を向ける遊びです。ゴールに向けてどうやって進めばよいのかを考えることで、ボディイメージのみでなく運動を組み立てる力の発達も促されます。また、他児と一緒に進んだり、リレー遊びにすることで、自分の身体だけでなく他児の身体の大きさや動きを把握する機会にもなります。相手の動きを見ながら、相手に合わせて自分の動きを調整するなど複数のことに注意を向ける必要が出てくるので、難易度はさらに高くなります。

② 身体のコントロールと心のコントロール

　ゴム紐に当たらないように慎重に自分の身体をコントロールすることは、心のコントロールにもつながります。「早く進みたい！」と焦る気持ちを抑えつつ、身体の動きを止めたり、遅くしたり、動き方を柔軟に変えたりと、身体と心の両方を調整しながら進む必要があるからです。そして、この遊びの重要なポイントは、身体のすみずみにまで注意を向けながら、全身を協調的に動かす遊びになっているということです。このような身体の使い方を日常的に行うことで、心をコントロールする力の発達をさらに促すことができるかもしれません（参考：森口（編著), 2018）。

③ 段階づけ

　競争などで先に進むことに夢中になってしまうと、ゴム紐に当たったかどうかを自分で感じ分けることが難しくなります。その場合、ゴム紐に鈴をつけて音が鳴らないようにする、トイレットペーパーや新聞紙を張りめぐらせて破らないように進むなどの工夫を行うとよいかもしれません。また、当たった感覚がわかりやすくなるように少し太めのロープを使う方法もあります。逆に、目隠しをして、あえてロープに触れながらゴールを目指すような設定にすると、自分の身体の動きにいっそう意識を向けやすくなると思われます。

Part2　保育活動

Type 7

やってみよう！
マットで遊ぼう

ボディイメージの問題

遊び方
- 様々な動きができるように円形に用具を配置しておく。
  青マット：体当たりしたり、押したり、押し返されたりする[1]。
  カラフルマット：走りながらマットに登ったり降りたりする。
  白マット（厚み・弾力がある）：不安定な場所を歩く、走る、跳ぶ。
- 白マットでサンドイッチ遊び（身体を挟む遊び）[2]をする。挟まれたところから抜け出す遊びにも挑戦する。
- 2枚のマットを平行に立てて、マットとマットの間を一定の距離から走ってきてそのまま走り抜ける[3]。だんだんとマットの間隔を狭めていく。

ねらい
- 心地よい感覚刺激を受けながら、自分の身体の使い方を知る。

留意点
- 最初から動きの調整を要求するような遊びにせず、まずは思い切り身体を使い、気持ちを発

散することを大切にする。たくさん動きたい子どもや、しっかりと力を出し切りたい子どもには、特にこの関わりを意識して取り入れる。その後、徐々に動きを調整する遊びへと展開する。
● 最初は保育者が遊びを設定するが、子どもたちの動きを見ながら柔軟に遊びを展開していく。例えば、子どもが保育者の思いとは異なる動きをし始めたときには「その感覚刺激がもっと欲しいのかな？」と考えるようにする。
● 一人ひとり身体の使い方の特徴が違うので、遊び方を厳密には決めず、危険のない範囲で子どもたちの自由な発想に任せる。苦手な遊具には近づかない子どももいるので、数回に1度くらいは保育者と一緒にやってみるように誘ってみる。
● マットを押す遊びやサンドイッチ遊びでは特に危険のないよう注意する。

作業療法士の視点

❶ 固有受容覚の欲求を満たす

思いっきりマットにぶつかる、押し込む、押し返されるなど、固有受容覚がしっかりと提供される遊びによって、感覚欲求が満たされるとともに、覚醒が適切な状態に調整されやすくなります。動き過ぎてしまう子どもは感覚欲求が満たされることで落ち着いて行動しやすくなったり、ボーッとしやすい子どもは覚醒が高まることで活動に取り組みやすくなったりすると期待されます（p.33も参照）。

❷ ボディイメージの発達

全身をマットで挟み込む遊びは、身体の輪郭をわかりやすくすることにつながります。それに加えて、外に這い出たり、逆に外から潜り込んだりするなど全力で身体を動かすと、身体の動きのイメージも捉えやすくなります。

❸ 環境に合わせた運動の調整

平行に立てたマットの間を勢いよく走り抜けるには、自分の身体の大きさや動かし方を適切に把握したうえで、マットの幅に合うように瞬時に身体の向きを変えたり、肩をすくめたり、走るスピードを調整したりする力が必要になります。このように、環境に合わせて運動を調整することは、思いっきり力を出し切ること（❶）、ボディイメージをはっきりさせること（❷）の両方がその発達の土台となっています。環境に合わせて動くことは、空間での他者や物との位置関係や距離をつかむことにもつながっています。慣れてきたら、実際に走り抜ける前に、「この幅は通れると思う？」「どうやったら通れるかな？」などと問いかけて、頭の中だけで自分の身体の大きさや動きのイメージをつくりあげることに挑戦してみてもよいかもしれません。

Type 7

園で発見！ ボディイメージを育む遊びアラカルト

トンネル編

作業療法士の視点

　トンネル遊びは、空間の広さを視覚で捉え、自身の身体をどのように使えば通れるかを試行錯誤する機会となり、ボディイメージの発達につながります。既製品のトンネルがなくても、普段使用しているイスを連ねることでトンネルに変身させることができます。イスを使うと、トンネルの長さを短くしたり長くしたりすることができるので、子どもたちの様子を見ながら臨機応変に設定を変えることができます。

　また、人でトンネルを作ることもできます。トンネル役の子どもにとっても、いろいろな姿勢を体験できる機会となります。参観日に親子で取り組むと、よりいっそう盛り上がるかもしれません。

飛び石編

作業療法士の視点

　飛び石遊びは、次の石までの距離を視覚で捉え、どれくらいジャンプすれば届くのかを試行錯誤する機会となり、身体の動きのイメージを育むことにつながります。

　実際に川で飛び石遊びをするときは、より緊張感が高まると思われます。ボディイメージが曖昧な子どもは、自信がもてずに挑戦することを拒否するかもしれません。そんなときは、部屋の中の安心できる環境で挑戦を促すとよいかもしれません。部屋の中での試行錯誤を通してボディイメージが明確になると、川での飛び石にも挑戦しやすいと思われます。

Type 8

感覚に起因する姿勢・運動のトラブル　微細運動の問題

手先が不器用な ブキッチョ タイプ

スプーンや箸の使い方が
ぎこちない

シールを貼るときに
ぐちゃぐちゃにしてしまう

服などをたたむのが
苦手

塗り絵をするときに
雑に塗ってしまう

　スプーンや箸、ハサミやクレヨンなどの道具を使うためには、手指の触覚や固有受容覚を細かく感じ分けて、その違いに応じて手の使い方を柔軟に変えることが重要です。道具をうまく使えない、使い方がぎこちないといった様子が見られる子どもは、これらの感覚情報をうまく使えていないのかもしれません。例えば、触覚の細かな違いがわかりにくいと指先を使いづらくなることは、手袋をはめて靴紐を結ぶなどの体験をしてみると実感しやすいでしょう。また、固有受容覚の感じ分けが難しいと、必要以上に力が入って握りこんでしまうなど、道具を扱うときの力加減をうまく調節できなくなります。

　他にも、手指をうまく使うには「3対2の法則」が重要です。一般に、親指側の3つの指（親指・人差し指・中指）は「運動性」を、小指側の2つの指（薬指・小指）は「安定性」をそれぞれ担っています。この役割分担によって、私たちは手指の細かな操作や道具の使用ができるのです。まず、小指側の安定性が先に発達し、そのうえで親指側の運動性が発達していきます。

　さらに、それぞれの手指を別々に動かせることも大切です。これが難しいと、ハサミを使うときに薬指や小指も一緒に動いてしまうなど、手指や道具の使い方がぎこちなくなってしまいます。

《 支援の方向性 》

　手指の微細運動が苦手な場合、その発達の流れに沿って、①姿勢の安定性を高める活動、②手指の「3対2の法則」の発達を促す活動、③手指のイメージを高める活動を楽しみながら行うとよいでしょう。

①姿勢の安定性を高める
②手指の「3対2の法則」の発達を促す
③手指のイメージを高める

①姿勢の安定性を高める活動

「中枢から末梢へ」という発達の法則があります。つまり、身体の末梢にある手をうまく操作するためには、より中枢にある体幹、肩甲骨、肩、肘、手首などが安定していることが重要です（p.78姿勢参照）。

② 手指の「3対2の法則」の発達を促す活動

　手指の役割分担をつくる土台として、手で体重を支えたり、手全体で物をしっかりと握ったりすることが重要です。そのうえで、親指側の運動性を引き出すために、物をつまむ活動を取り入れます。

- 小指側の「安定性」を引き出す活動
  四つ這い、雑巾絞り、ジャングルジムなど

- 親指側の「運動性」を引き出す活動
  コイン入れ、皮むき、ちぎり絵など

③ 手指のイメージを高める活動

　手指や道具をうまく使うためには、手指の触覚や固有受容覚の情報を細かく感じ分けることが重要です。その土台として、まずは手をしっかりと使って、触覚や固有受容覚を受け取ることが有効です。例えば、以下のような遊びが挙げられます。製作活動など、手指を使う活動に取り組む前のウォーミングアップとして、これらの活動を行うとよいでしょう。

粘土遊び　　　小麦粉・片栗粉遊び　　　フィンガーペイント

Type 8

土粘土で遊ぼう

微細運動の問題

遊び方
- 年齢やそれまでの経験に応じて、提供する土粘土の大きさを変えて手渡す。
- 机上で行う、粘土板を活用する、床に座って行う、戸外で行うなど様々な場で遊ぶことができる。
- 季節によっては裸になって全身で遊ぶこともできる。汚れを気にせずダイナミックに遊ぶことも、室内でゆったりと手先の活動として遊ぶこともできる。

ねらい
- 土粘土に触れる感触を味わう。個々の感覚欲求や手先の使い方に応じて、活動を楽しむ。
- 思い切り土粘土を打ちつけたり、叩きつけたりして楽しむ。
- 全身を使って粘土にギューッと力を加えることを楽しむ。
- 伸ばす、平らにするなど様々な形を作ることや、指先で細かい形を作り出すことを楽しむ。
- 自由な表現を楽しむ。思い切り打ちつけると形が変化することを知らせながら、可塑性に富んだ素材の面白さを味わえるようにする。大胆に扱えるものであることを知ったうえで指先を使ってひねったり、ちぎったりして、存分に感覚の違いを楽しむ[1]。

感覚に起因する姿勢・運動のトラブル

留意点

- 個々の楽しみ方からその子どもの感覚欲求を知る。
- 感触を味わいたいのか、形を作りたいのかなど、その子どもなりの楽しみ方❷をていねいに読み取り、子どもの意図に応じた言葉がけをする。
- 粘土の種類（土粘土、油粘土、紙粘土、小麦粉粘土など）によって、硬さや柔らかさ、冷たさ、ざらつきなどの感触や、変形のしやすさといった特徴が異なる。土粘土であれば、独特な匂いがないこと、活動後に手に油が残らないこと、水で硬さを調整できることなどが挙げられる。このような粘土の種類ごとの特徴を理解したうえで、活動に応じてどの粘土を使うか検討する。

作業療法士の視点

❶ 手指の操作

粘土に直接触れて様々な手指の使い方を体験することは、手指のイメージを育てることにつながります。例えば、粘土の柔らかさや手触りを感じたり、握る、つまむ、丸めるなどの運動に挑戦したりすることを通して、子どもたちは触覚や固有受容覚の情報を活かした手指の操作の仕方を学んでいきます。また、どのくらい力を入れたらどのくらい粘土が伸びるかを知ることで、力加減の調整ができるようにもなっていきます。他にも、粘土を手のひらでギュッと押し潰したり、両手で引きちぎったりすることは、「3対2の法則」の発達の土台にもなります。

一方で、触覚に過敏さがある子どもの場合、手で直接粘土に触れることに抵抗感を示すことがあります。そのような場合は、ヘラや型抜きなど、手で触れずに道具を使って粘土遊びを楽しめるように工夫するとよいかもしれません。または、タオルで手を拭いたり、すぐに手を洗えるようにしたりして、安心して活動に取り組めるように配慮する方法もあります。

❷ 個に合わせた遊びの展開

粘土に触れることそのものを楽しみたい子どもには、様々な感触の粘土を用意するとよいかもしれません。また、ギュッと力を入れて握り込むなど固有受容覚への欲求が強い子どもには、やや硬めの粘土を準備するとよいでしょう。

2、3歳頃になると、指先を細かく動かすことがだんだんうまくなっていきます。粘土をつまんだり、丸めたり、伸ばしたりするなど、様々な手指の使い方が体験できるような設定にするとよいかもしれません。4歳頃になると、手で直接触った体験を基盤として、道具の操作も巧みに行えるようになっていきます。粘土遊びの中でも、様々な道具を使う機会を提供したい時期です。イメージした形や作品に合わせて必要な道具を選択できるように工夫すると、さらに楽しみながら表現活動を展開できると考えます。

Part2 保育活動　105

Type 8

やってみよう！
フィンガーペインティング

微細運動の問題

| 遊び方 | ●指先でツンツンと触れてみたり、手のひら全体に絵の具をつけてペタペタと触れてみたりして絵の具の感触を楽しむ❶。
●汚れてしまって気持ちが悪いときには、すぐに布巾で拭いたり、手を洗ったりできるようにして、安心・安全な環境で楽しむ。 |

| ねらい | ●手指や手のひらで絵の具の感触を楽しむ。
●手のひらを大きく使ったり、指先で小さく表現したりすることを通して、いろいろな手の使い方を楽しむ。手の使い方に応じて、紙の大きさを変える。 |

感覚に起因する姿勢・運動のトラブル

留意点

- 初めてのことが苦手だったり、手に絵の具がつくことや絵の具の感触が苦手だったりする場合には、まず他児が活動している様子を見てから参加するようにする。嫌がる子どもには無理強いせず、保育者が手のひらや指を触り「ペタペタする？」と声をかけて誘ってみる。
- 子どもの手のひらや指先に触れる遊びを事前に行っておくことで、手に絵の具がつくことへの抵抗感が少なくなるようにする。

作業療法士の視点

1 手指の微細運動の発達

　道具を使う土台になるのは、手指で触れたりつまんだりする体験です。さらに、手指を細かく使う土台になるのは、手のひら全体で押し当てたり、手で体重を支えたりする体験です。このような発達の筋道に沿って活動を展開することで、子どもたちがより積極的に活動に取り組む姿が見られるようになると期待されます。

　フィンガーペインティングの場合、例えば手のひら全体で紙に叩きつけたり、手形をとったりする活動を導入として用いるとよいかもしれません。その次に、手指で直接絵の具を触ったり、手指でお絵かきしたりすることで、触覚や固有受容覚を通した手のイメージが形成されていきます。直接身体を通して遊ぶ体験を積み重ねた後に、絵筆やポンポンなどの道具を使ってお絵かきを楽しむ展開にすると、道具をより使いやすくなります。お絵かきだけでなく砂遊びや製作活動でも、手指を直接使ったうえで、スコップやハサミなどの道具操作へと活動を広げてみるとよいでしょう。身体から道具へと操作できる対象が広がることで、遊びや生活動作の発達がさらに促されます。

Type 8

やってみよう！ ぽっとん落とし

微細運動
の問題

遊び方
- 様々な物を、ミルク缶を布で包んだ容器に落とし入れる。
- 最初は容易に指でつまめる物から始めて、様々な形、素材に変えていく（お手玉、ホース、コイン、どんぐりなど）。
- 落とし入れる容器も、安定している物から、片方の手で支える必要のある物へと段階づけていく（ミルク缶、ペットボトル、ラップの芯、貯金箱など）。
- どんな方向でも入りやすい物（丸いビー玉など）から、一定の方向からでないと入らない物（コインなど）へと段階づけていく。

ねらい
- 「つかむ」「つまむ」など指先を使った遊びを楽しむ[1]。
- 「穴をしっかり目で見て、物をしっかりつまんだまま穴に近づけ、指を開いて穴に入れる」という一連の流れを楽しみながら、偶然ではなく「穴に入れよう」と意図をもって遊ぶ。
- 指を開いて物を入れると「ぽとん」と音がする。音を聞くことで入れ物の中が見えなくても「入った！」「落ちた！」ということがイメージできる。
- 「AをしたらBができた」という関係を実感し、遊びを繰り返し楽しむ。

感覚に起因する姿勢・運動のトラブル

留意点

- 一人ひとりが楽しめる環境設定にする。例えば、立ったまま遊ぶ、床に座って遊ぶ、一人で遊ぶ、他児と一緒に遊ぶなど。
- 他児と一緒に遊ぶときには、「順番こだよ」「次は○○ちゃん」というように言葉でていねいに伝えながら楽しめるようにサポートする。
- 穴の向きや握り方がわかりにくい子どもには、保育者が一緒に手を添えて落とす物の位置を穴に合わせ、「ぽっとん」と声をかけて落とすタイミングを伝え、「落ちたね〜」「入ったね〜」と声をかけ達成感を共有する。
- おもちゃの棚に置いておき、子どもが自主的に選んで遊べるようにする。

作業療法士の視点

❶ 手指の微細運動の発達

手の器用さとは何を指すでしょうか？ その一つに物に合わせて柔軟に手の使い方を変えることが挙げられます。例えば、この本をめくるときと新聞紙をめくるときとでは、手の使い方は微妙に異なるはずです。このように物の特性に合わせて、手や指のどの部分に、どのくらいの力を入れて動かせばよいかを変えられることが大切です。また、目的によって手の使い方を変えられることも重要です。同じ新聞紙であっても「めくる」「破る」「丸める」など目的に応じて手の使い方を変えていく必要があります。そのためには、様々な物を触り、操作する豊かな体験が必要不可欠です。

Type 9

感覚に起因する姿勢・運動のトラブル／両手の協調動作の問題

両手動作が不器用な
両手ブキッチョタイプ

お茶碗を持たずに食べる

ハサミで切る際、紙を送らない

折り紙が苦手

ボタンをはめるのが苦手

両手の協調動作とは、右手と左手を互いに協力させながら使用することをいいます。

● 幼児期では、以下のような動作が当てはまります（右利きの子どもを想定しています）。
・ご飯を食べるとき、右手はお箸を操作し左手はお茶碗を持つ
・曲線に沿ってハサミで紙を切るとき、右手でハサミを操作し左手で紙を送る
・折り紙を折るとき、左手で紙の頂点を合わせて右手で折り目をつける
・ボタンをはめるとき、右手でボタンをつまんで穴に入れ、左手で受け取る

● 学童期では、以下のような動作が当てはまります（右利きの子どもを想定しています）。
・消しゴムを使うとき、右手で消しゴムを動かし、左手で紙を押さえる
・定規で線を引くとき、右手で鉛筆を操作し、左手で定規を押さえる

このように、生活や学習の基本動作の中に、両手の協調動作は多数含まれています。逆に、協調動作が苦手だと、上記の動作を行うことが難しくなります。

《 支援の方向性 》

　日常生活の中で必要とされる両手の協調動作は、左右の手が異なる役割を担うものが大半です。しかし、その動作がいきなり獲得されるわけではありません。この動作の発達は、以下の段階に沿って育まれます。この段階に沿って遊びを提供することが支援の原則になります。

①身体の中心軸の
　発達

②左右対称の
　両手動作

③左右交互の
　両手動作

④左右の役割が異なる
　両手動作

① 身体の中心軸の発達

　微細運動の発達（p.103参照）でも述べたように、手先を器用に操作するためには、より中枢部（体幹・肩甲骨・肩・肘など）が安定している必要があります。まずは姿勢バランスの発達を通して身体の中心軸を定めることが重要です。

② 左右対称の両手動作

　両手動作の中で、最初に発達するのは左右対称な手の動きです。保育活動の中では、手遊びに含まれる「拍手」や「バンザイ」をはじめ、両手でボールを投げる、紙をちぎる、粘土を丸めるといった遊びが当てはまります。

③ 左右交互の両手動作

　次に、左右の手を交互に動かす両手動作が発達します。保育活動の中では、四つ這い、太鼓を交互に叩く、ジャングルジムを交互に手を出して登るといった遊びが当てはまります。

④ 左右の役割が異なる両手動作

　最後に、右手と左手が異なる役割を担った両手動作ができるようになります。つまり、利き手と補助手が定まります。お箸を持つ手とお茶碗を支える手、ハサミを持つ手と紙を送る手の操作など、生活動作の中に多数含まれます。

Type 9

やってみよう！ お宝ゲット

両手の協調動作の問題

遊び方	●ロープをくくりつけた入れもの（お宝箱）を自分の方へ手繰り寄せる❶。 ●チームに分かれ、部屋の端と端に座る。それぞれのチームでお宝を入れる役、お宝箱を手繰り寄せる役、空っぽになったお宝箱を戻す役を決める。 ●ロープを引っ張る場所は決めておき、足の位置はなるべく動かさないようにする。
準備物	●長めのロープを取りつけた入れ物（＝お宝箱）。 ●お宝はなんでもよい。ボールなど丸くて滑りやすい物だとお宝箱から落ちやすいので力加減が難しくなる。
ねらい	●下半身はできるだけ動かさず、上半身や腕全体をしっかり動かす遊びを経験し、遊びを通して力を加減する。 ●最初は身体全体でロープを手繰り寄せる大きい動きになるが、遊びを続けるうちに腕の最小限の動きでうまく手繰り寄せる小さな動きになる。この変化を身体を通して体験する。 ●全身にグッと力を入れたり、身体を柔軟に使ったり、目や首をしっかり使ってお宝を見続けたりする力を遊びの中で楽しみながら身につける。 ●チームに分かれることで他児と協力して遊ぶ体験をする。また、相手の動きを見て自分の動きを調整したり、互いに声をかけ合ったりすることで、相手を意識して関わる力を身につける。

112　感覚に起因する姿勢・運動のトラブル

留意点

- ロープがあまり長すぎると引っ張りにくいため、最初はロープを短くして短い距離から始める❷。
- 子どもの様子に合わせてお宝の大きさや数、素材を工夫し、継続して遊びを楽しめるように工夫する。

作業療法士の視点

❶ 両手の協調動作

　ロープを手繰り寄せる動きは、四つ這いや太鼓遊びなどと同様に、左右の手を交互に使う両手動作になっています。このような動作は、ハサミや鉛筆の使用など、左右の手で役割が異なる両手動作の発達につながっていきます。さらに、ロープを手繰り寄せる動きは身体の正中線上で行うことになるので、身体の中心軸を明確にすることも促しています。

　左右の手を交互に使ってリズミカルにロープを手繰ることが難しい場合には、「左右対称の両手動作」を使った遊びから始めるとよいかもしれません。例えば、お宝箱を両手で持ちながらスタートからゴールまで運ぶ遊びや、「箱押し」（p.82）などの遊びが挙げられます。

❷ 活動の段階づけ

　左右交互の両手動作が苦手な場合には、ロープの長さを短くして、手繰る回数が少なくて済むように工夫するとよいかもしれません。また、ロープの素材を硬めにしたり太くしたりしておくと手繰りやすくなります。慣れてきたら、徐々にロープの長さを伸ばしたり、ロープの素材を柔らかく細い物に変えりすることで段階づけを行っていきます。

　他にも、お宝の大きさや数、素材を変えることは、力加減や運動のスピードを調整する力を育むことにつながります。例えば、おもりや砂袋などの重い物をお宝にすると、しっかりと踏ん張って全身に力を入れてロープを手繰り寄せることが必要になります。逆に、ボールや風船などの軽くて転がりやすい物にすると、慎重にゆっくりロープを手繰り寄せることが要求されるようになります。同じように、お宝箱についても、底が平たくて安定した容器から、底が丸くて不安定な容器へと変えることで難度を上げることができます。

風船を入れると、より力加減をする必要がある

Type 9

お盆芸

両手の協調動作の問題

遊び方 ●丸く切った段ボールをお盆に見立てて遊ぶ。

段階づけ
①イスに座ったままで段ボールをお腹にあて、落ちないように片手で支える。その後、段ボールが落ちないように左右の手を交互に入れ替える（左手で押さえておいて右手に変えるなど）❶。
②うまく支えられるようになったら子どもたちの知っている歌に合わせて支える手をリズムよく入れ替えて遊ぶ。
③慣れてきたらイスから立って同じように遊んでみる。
④リズムや歌を変化させて遊んでみる。
⑤段ボールをあてる部位をお尻や頭、膝などに変化させる。

ねらい
●手を交互に使う遊びを、子どもたちが知っているもの（このときは芸人）に結びつけて楽しむ。
●遊びを楽しみながら、両手を使う力、運動をコントロールする力、物を柔軟に扱う力❷をつける。
●支えた段ボールが落ちないようにするにはどうすればよいかを自分なりに考えて楽しむ。

留 意 点

- すぐに難しい遊びにせず、全員が楽しめる段階から始めていく。
- 子どもの様子を見ながら、徐々にレベルアップしていく[3]。

作業療法士の視点

1 両手の協調動作の発達

　お腹にあてた段ボールを左右の手で素早く持ち替える動作は、左右の手を交互に使う両手動作になっています。さらに、段ボールを落とさないようにタイミングよく持ち替える必要があるので、この動作は通常の両手を交互に動かす動作よりも少し難しいといえます。

2 両手の協調動作の土台となる身体の中心軸の発達

　両手の協調動作を効率よく行うためには、土台となる姿勢が安定している必要があります。そのため、活動の前段階として、雑巾がけ（姿勢の安定）や頭の上に段ボールを乗せて落とさないように維持する遊び（身体の中心軸を意識する）を行うと、よいウォーミングアップになります。また、この遊び自体にも、段ボールを押し当てる部分の安定性が必要になります。お腹に段ボールを押しあてるためには、押される方の体幹にも力を入れておかなければなりません。一連の活動の中にも発達のプロセスに沿った設定がなされていると、活動が成功しやすく、達成感が得られやすい時間になると思います。

3 段階づけ

　活動を行うときの姿勢を変えることで、段階づけすることができます。さらに、年齢が上がると、片足立ちでバランスをとりながら行ったり、ジャンプと同時に行ったりするなどの段階づけも可能になるでしょう。また、段ボールの大きさ（大きい→小さい）、押しあてる部位（手が届きやすい部位→届きにくい部位）、リズム（遅い→速い）などを変えることで、さらに難しい遊びへと発展させることができます。

Type 9

ビーズ通し

やってみよう！

両手の協調動作の問題

遊 び 方
- ビーズを紐（テグスなど）に通して遊ぶ❶。
- 器の中から好きな色や形のビーズを探したり、小さな器をひっくり返さないように気をつけながら、特定のビーズをつまんだりする。

ねらい
- 指先を巧みに使ってビーズを紐に通す、通したビーズを移動させる、紐の先を握ったまま目線をビーズに向けるなど、様々な動きを遊びの中で体験する。
- 自分のペースでじっくりと遊びを持続させるとともに、「できた！」という完成したときの達成感を味わう。

留意点

- 子どもに応じて、紐の長さや硬さ（たこ糸、テグスなど）、ビーズの大きさや形を工夫する。
- イスに座る姿勢が苦手な子どもに対しては、床に直接座る設定にしたり、イスの座面に滑り止めマットを敷いたりするなどの工夫をして❷、手先の遊びに集中できるようにする。

作業療法士の視点

❶ 両手の協調動作の発達

紐を持つ手とビーズを持つ手とでは、それぞれ「固定」と「運動」の役割分担を行う必要があります。さらに、ビーズを通しやすくするために紐の位置や角度を調整するなど、互いの手の動きをうまくアシストするような両手の協調動作が促されます。また、手元を目で見続けることも必要になるので、目と手の協調動作の発達にもつながります。

❷ 段階づけ

姿勢が安定することで、指先の細かなコントロールが可能になります。そのため、姿勢が安定していないと感じられるときには、姿勢の安定性を補う環境設定が必要となります。同時に、この活動を行う前段階として、姿勢の安定性を高める遊びを取り入れておくことも大切です（p.78姿勢参照）。

Type 10

感覚に起因する姿勢・運動のトラブル　眼球運動の問題

動きを目で追えない どこいった タイプ

キャッチボールが苦手

探し物が苦手

ボール遊びに参加しない

鬼ごっこなど集団遊びでよく人にぶつかる

何かを見るときに、その方向へと目を動かすことを眼球運動といいます。眼球運動には以下の4つのはたらきがあり、空間の把握や、運動、学習を行うための重要な発達の土台となります。

①静止した物を視野の中心で見続ける（前庭動眼反射、視覚運動性眼振）
頭の動きや姿勢の変化にかかわらず、見たい物を目で捉え続ける運動です。いわゆる、カメラの手振れ補正のようなはたらきを指します。他の眼球運動は、この運動が下支えになって発達します。
②動く物を視野の中心で見続ける（滑動性（追従）眼球運動）
ゆっくり動く物を目で追いかけるなど、視線を滑らかに移す運動です。この運動がうまくできないと、サッカーやドッジボール遊びでボールや人の動きを追ったり、本の文字を目で追ったりすることが難しくなる場合があります。
③視野の周辺にある物を中心で捉え直す（衝動性眼球運動）
ある点から別の点へと視線を素早く移す運動です。これが苦手だと、間違い探しに時間がかかったり、探し物をすることが難しくなったりすることがあります。また、この運動は、就学後の教科学習でも重要です。特に、板書に時間がかかったり、音読で文章の改行時に行を読み飛ばしてしまったりすることに関連しています。
④奥行きを捉える（輻輳(ふくそう)・開散運動）
見ている物との遠近距離に応じて視野のピントを合わせる運動です。いわゆる寄り目の運動を輻輳といい、反対に両目を外側に向ける運動を開散といいます。これらの運動がうまくできないと、近くの物に焦点が合わず二重に見えたり、にじんで見えたりすることがあります。そのため、手元をよく見て行う活動では、疲れやすさや、集中の続きにくさが見られる場合があります。

118　感覚に起因する姿勢・運動のトラブル

支援の方向性

　眼球運動のコントロールを促す際には、子どもの力に合わせて難易度を段階づけていくことが大切です。眼球運動のはたらきを、発達の順序に沿って身につけていくことが原則になります。

段階づけ①　子どもが動きながら、静止した物を見続ける活動

　自分が動くと前庭覚が得られます。前庭覚には眼球運動をコントロールしやすくする機能があるので、動くものを見続けるよりも、自分が動きながら止まっている物を見続ける活動の方が簡単です。また、姿勢や身体の運動にかかわらず見たい物を目で捉え続けることは、他の眼球運動の発達の土台になります。

ジャンプして空中で物を取る・タッチする

ゴム跳び（またぐ・くぐる）

段階づけ②　子どもが静止したまま、動く物を見続ける活動

　動かす物や動かし方を変えることで活動の難易度を調整できます。例えば、ゆっくり動く物（ボールではなく風船）を使ったり、空間ではなく平面で動かしたり（投げるのではなく転がす）した方が、活動は易しくなります。

球ころがしのおもちゃを追視する

吹き上げパイプ

段階づけ③　子どもが動きながら、動く物を見続ける活動

　動く速さや奥行き（距離感）などを変えることで難易度を調整できます。

風船バレー

虫取り

Type 10

ボール集め

眼球運動の問題

遊び方	●段ボール箱を押したり、押しながらボールを集めたりして遊ぶ。
段階づけ	①段ボール箱を押して走ることを楽しむ。 ②障害物を置いてあたらないように箱を操縦する。 ③箱を押しながらボールを集める（最初は何色でもよい）。 ④箱に目印のカラーテープをつけ、その色だけを集める。

ねらい
- 楽しく遊びながら、身体を支える力、身体を柔軟に使う力、見通しをもつ力や周りを見る力[1]などをつける。
- 姿勢保持や力を加減することが苦手な子[2]も、ダイナミックな遊びの中で、物を操作することを自然に楽しむ。
- ぶつからないように他児の動きや障害物にも注意を払う。

留意点

- 一つひとつの段階の遊びをじっくりと楽しむ。次の段階への移行は、「次はこうしてみたい！」という子どもの思いを引き出すようにし、みんなで一緒に遊びを展開する。
- 子どもの状況に応じて遊びを展開することで、子どもの興味が持続し、しっかりと遊びこめるようにする。

作業療法士の視点

1 眼球運動の発達

　ボールや障害物などの目標物を見続けながら自分が動く遊びは、眼球運動の発達（前庭動眼反射）を促すことにつながります（p.119段階づけ①）。床を転がるボールを拾う際には滑動性眼球運動が必要になりますし（p.119段階づけ②）、段ボール箱を押して走る際には、他児にぶつからないように周りの人の動きを見る高度な眼球運動が必要になります（p.119段階づけ③）。

　眼球運動のコントロールが苦手で活動に取り組みにくい子どもがいる場合には、部屋の広さや一度に遊ぶ人数を調整する（グループ分けなど）といった工夫をしてみるとよいかもしれません。また、段ボール箱の大きさや、重さ、滑り具合を調節して、他児の動く速度を遅くすることで難易度を下げることもできます。逆に、一斉に行う人数や障害物、ボールの色を増やして、難易度を上げることもできます。

2 姿勢による段階づけ

　使用する箱の大きさ（幅の広さや高さ）を変えることにより、姿勢の発達を促すことにもつながります。箱の高さを低めにすると、重心を下げた姿勢を保持しなければならなくなるので、姿勢保持が苦手な子どもにとっては難易度が高くなります。少し高めの箱にすると、重心が高くなり立った姿勢のまま移動できるようになるので、そのような子どもも参加しやすくなるかもしれません。逆に、姿勢を徐々に低くしていくことで、姿勢保持の発達を促すというねらいの立て方も可能でしょう。

　また、箱の大きさを変化させることで、手にかける体重や進む速度のコントロールを段階づけることもできます。ある程度の大きさがあると、安定感が出るので箱を押して走りやすくなります。箱を小さくしたり、持ち手の幅を狭くしたりしていくと、自分で姿勢をコントロールする度合いが高くなるので難易度が上がります。

Type 10

やってみよう！ 新聞紙シャワー

眼球運動の問題

遊び方
- 新聞紙を用意し、破ったりちぎったり丸めたりしながら感触を楽しむ。
- 小さくなった新聞紙を集めて傘の中に入れ、保育者が傘を回して新聞紙の雨を降らせる。
- 寝転がったり見上げたりしながら上から降ってくる新聞紙の雨を視覚や触覚で感じる。

アレンジ
- 落ちてくる新聞紙をキャッチする[1]などの展開にするとより楽しめる。

ねらい
- 新聞紙が広い範囲で広がるため、楽しみながら新聞紙の動きを目で追う。
- 何が起こるかわからず不安を抱きやすい子どもが繰り返し見ることで安心し、自ら参加するようになる。

留意点

- ちぎったり丸めたりする新聞紙遊びは動きが小さくなりがちので、新聞紙シャワーでダイナミックに身体を動かしながら全身で感触を楽しめるようにする❷。
- 傘に新聞紙を勢いよく入れるとケガの原因となるので、入れ方について声をかけ、傘は保育者が持つようにする。
- 雨を降らせるタイミングがわかるように、「3、2、1！」と声をかけ子どもたちの予測とワクワクする気持ちを大切にする。

作業療法士の視点

❶ 眼球運動の発達

　ゆっくりと落ちてくる新聞紙を手でつかむ遊びは、新聞紙を目で追い続けることを必要とするので、滑動性眼球運動の発達につながります。寝転んで降ってくる新聞紙に手を伸ばしたり（p.119段階づけ②）、動きながら降ってくる新聞紙を捕まえたり（p.119段階づけ③）するなど、同じ活動でも子どもに応じてねらいを変えることができます。

　また、落ちてくる新聞紙をつかむことが難しい子どもには、床に落ちた新聞紙を取りに行く、集めた新聞紙を傘の中に入れに行く（p.119段階づけ①）ところからていねいに段階づけをして活動を提供するとよいでしょう。

　新聞紙の中に色つきの紙やキラキラテープなどを混ぜて目立たせることで、手を伸ばすときにねらいを定めやすくしたり、空気を入れたビニール袋やお花紙を使うことで、落ちてくるときの速度を遅くしたりするなどの工夫をしてみるのもよいかもしれません。

❷ 触覚の発達

　触覚を通して、子どもたちは自分の身体の輪郭や大きさなどを把握していきます。全身での触覚遊びというと、屋外でのプールや泥遊びがイメージされやすいですが、このような遊びをすることによって、室内でも触覚刺激を豊富に感じ取ることができます。

　また、汚れる心配がないので、汚れるのが嫌いな子どもたちも参加しやすいかもしれません。集団で活動しながらも、不安になったときのために段ボールで「安心のためのスペース」を確保しておくなど、子どもの特徴やペースに合わせて展開していくとよいでしょう。

Type 10

うちわパタパタ

眼球運動の問題

遊び方	●手作りのうちわ（羽子板）で遊ぶ。
段階づけ	①うちわの扱いに慣れるために、まずはうちわを持って自由に遊ぶ。 （うちわを強く振ると強い風が起こることなどを体験する） ②紙風船などをうちわであおいで動かす。うちわのあおぎ方で紙風船の動きが変化することを楽しむ。 ③部屋の端から端までコースを決めて「うちわパタパタ」リレーをして遊ぶ。
ねらい	●動く物を目で追って見る力[1]、姿勢を保持する力[2]、運動をコントロールする力[3]、道具（うちわ）を使って物（風船）を操作する力を遊びを通して楽しみながら身につける。 ●力を加減したり、物を上手に操作したりすることが苦手な子どもも、失敗や間違いが気にならない遊びの中で、自分のペースで楽しみながら身体をうまく扱う。

124　感覚に起因する姿勢・運動のトラブル

留意点

- 他児との距離感をつかみにくかったり、うまく力を加減できなかったりすると他児の風船を動かしてしまうので、人との距離をできるだけ広くとれるように、一度に遊ぶ人数を制限したり、広い場所で遊んだりする。
- 目の前の風船に集中しすぎて進むべき方向がわかりにくくなる場合は、スタートとゴールの位置だけでなく、床にテープを貼るなどしてコースが際立つようにする。

作業療法士の視点

① 眼球運動の発達

自分の紙風船を見失わないように目で追うためには、眼球運動のコントロールが必要になります。また、自分の紙風船だけでなく、他児や他児の紙風船など、周りの様子にも注意を配る必要があります。

自分の紙風船を見失う場合には、異なる色の紙風船を使うなど、違いが際立つようにしておくとよいかもしれません。

右の写真では、ピンポン球を段ボールうちわであおいでホッケーをしています。紙風船よりも素早いスピードでボールが動くため、眼球運動の難易度が上がると考えられます。

② 姿勢保持の発達

床に置かれた紙風船にうちわで風を送る際には、少しかがんだ姿勢となります。この姿勢を保持しながら、肘や手首を使ってうちわを上手に扱うためには、体幹や肩甲骨まわりなど身体の中枢部分が安定している必要があります（p.78姿勢参照）。

③ 力を加減する

紙風船をうちわであおいでリレーごっこをするときには、目的の方向へ紙風船が動くように、力加減や力の向きを調整しながら風を送る必要があります。

力加減が苦手な子どもの場合には、まずは思い切り力を使う遊びを行ってから、力加減が必要な遊びへと段階づけることが重要です（p.45参照）。また、同じ遊びの中でも、100%の力で風を送ると紙風船がどこまで飛んでいくのかを試してみたり、どれくらいの力で風を送るとちょうどよいところで止まるのかを考えながら遊んだりするといった工夫の仕方もあります。うちわを思い切り振ることができるように、安全面に配慮して環境を整えることも大切です。

Type 10

やってみよう！ しっぽ取り

眼球運動の問題

ルール	●ズボンにつけた布やタオルなどのしっぽを取り合うゲーム。
アレンジ	●取られてもゲームを続行し、他児のしっぽを自分のしっぽとしてつけてもよいことにする。 ●お尻歩きや四つ這いで行ってもよい。

ねらい
- 走りながらもしっかりと目を使って❶しっぽをつけて走っている他児を見つける。
- お尻につけたしっぽを気にしながら周りを見る力など、同時にいろいろなことに注意を向ける。
- 思い切り走りながらも、しっぽを見つけたら近づいて引っ張るなど、スピードや人との距離感を調整しながら遊ぶ。

留意点

- 運動能力に差があり、すぐにあきらめてしまう子どももいるので、最後までゲームを楽しめるように敗者復活のルールを取り入れるなど工夫する。
- 最初はゆっくりしたペースで行い、ルールを理解し、目で追ったり、周りを見たりすることに少しずつ慣れてから、「走る」段階に移行する。そうすることで子どもたちの「わからない」「怖い」といった不安な気持ちを少しでも取り除けるようにする。
- 動きのアレンジは子どもたちと一緒に考えて展開してもよい。子どもの動きを見てルールを柔軟に変えていく。

作業療法士の視点

1 眼球運動の発達

　動きながらもしっぽを見続ける必要がある活動なので、眼球運動の発達につながると期待されます。

　しかし、実際の園で行われている「しっぽ取り」の様子を見ていると、眼球運動が苦手な子どもほど、早々にしっぽを取られて脱落してしまう傾向にあります。そこで、お尻歩きや四つ這いでしっぽ取りを行うことで、動くスピードがゆっくりになり、眼球運動が苦手な子どもも取り組みやすくなる場合があります。このように、目で追う対象物の速度を段階づけながら遊びを設定することが大切です。

おしりずりずりしっぽ取り

四つ這いでしっぽ取り

走ってしっぽ取り

感覚統合のトラブル　タイプ別「よく見られる姿」

感覚の調整に関するトラブル

タイプ	よく見られる姿	
マイペースな ぼんやりタイプ （低反応）	●視覚：部屋にあるおもちゃや他児の存在に気づきにくく、よくぶつかったり転んだりする、遠くの方をボーッと見ていて心ここにあらずな印象を受ける ●聴覚：先生の声に気づかないことが多い、かなり大きな音がしてもあまり驚かない ●嗅覚：臭いものでも特に気にしない ●味覚：味の違いに気づきにくい、酸味や辛味が強くても平気 ●触覚：口周りや手足などが汚れていても気にしない、暑さや寒さに気づきにくい、痛さを感じていないように見えるときがある ●前庭覚・固有受容覚：身体を動かしたり、おもちゃで遊んだりしようとする意欲が乏しい	p.34
刺激を欲する ガンガンタイプ （感覚探求）	●視覚：ピカピカと光るおもちゃや、換気扇など回転するものを好んで見続ける ●聴覚：テレビなどの音量を大きくしたがる、騒がしい場所や群集の中にいることを好む、近くにいるのに大声で叫ぶように話す ●嗅覚：刺激の強い匂いを好む、食べ物や人、おもちゃの匂いを嗅ぐ ●味覚：味の濃いものや刺激の強い食べ物を好む ●触覚：水や砂、泥遊びを好む、粘土やおもちゃを舐める、ベタベタ他人に触る ●固有受容覚：おもちゃや道具の使い方が雑、クレヨンをよく折る、シャツの袖口や爪をよく噛む、強く抱きしめられたり押しつけられたりする遊びを好む ●前庭覚：ブランコで激しく揺れることを好む、常に走り回ったりピョンピョンと跳びはねたりする、逆さ吊りになる遊びを好む	p.42
不安になりやすい ビクビクタイプ （感覚過敏）／ ストレスがたまり やすいイライラ タイプ （感覚回避）	●視覚：部屋が明るいとまぶしそうにする、たくさんの物があると気が散り集中できない ●聴覚：突然の音・大きな音を嫌がる、周囲の音で気が散る、必要な話が聞き取れない ●嗅覚：特定の匂いを嫌がる ●味覚：特定の味を嫌がる、味が混ざることを嫌がる、味の変化に気づきすぎる ●触覚：汚れることを嫌がる、身体に触れられることを嫌がる ●前庭覚：足場が不安定な場所を嫌がる、ブランコに乗ることを嫌がる	p.56

感覚の識別・フィルターに関するトラブル

タイプ	よく見られる姿	
違いに気づき にくいわかんない タイプ （識別・フィルター の問題）	●視覚：探し物を見つけられない、似ている形や文字の違いがわからない、集団遊びで先生がお手本を示しているのに見ていない ●聴覚：話している先生の方を向かない、音と音の区別が苦手（例：「た」と「さ」） ●嗅覚：味の違いがわからない、わかりやすい味を好む ●味覚：味の違いがわからない、わかりやすい味を好む ●触覚：身体のどの部分を触られているのかわからない ●固有受容覚：やわらかさの違いがわからない、力の入れ方がわからない ●前庭覚：身体の傾きの違いがわからない	p.66

●触覚、固有受容覚、前庭覚の識別の問題は運動面での不器用さとして現れることが多いです。右頁の「感覚に起因する姿勢・運動のトラブル」も併せてご参照ください。

128

感覚に起因する姿勢・運動のトラブル

タイプ	よく見られる姿	
姿勢を保てない ぐにゃぐにゃ タイプ（姿勢）	●姿勢が徐々に崩れる、重力に抗った姿勢（座位や立位）を保てない ●よく転ぶ、転んだときに手が出ない ●よい姿勢を保とうとすると本来意識しなければならない活動がおろそかになってしまう ●手先の不器用さや眼球運動の苦手さを併せもっている可能性がある	p.78
体の動きが おぼつかない ギコチナイタイプ （ボディイメージ）	●よくつまづいたり、ぶつかったりする ●明らかに自分の幅よりも狭いところを無理矢理通ろうとする、相手との距離感がつかめずぶつかってしまう ●無茶で危険な遊びをしようとする、身体を動かす遊びを避ける、新しい遊びが苦手 ●他者の動きをまねするのが苦手、手遊びやお遊戯で他児と違う動きをする、動きがワンテンポ遅れてしまう、くり返しても覚えられない	p.88
手先が不器用な ブキッチョタイプ （微細運動）	●文具や食具などの道具をうまく使えない、使い方がぎこちない ●手先を使う活動で必要以上に力が入って握りこんでしまう、道具を扱うときに力加減をうまく調節できない（例：シールを貼るときにぐちゃぐちゃにしてしまう、塗り絵をするときに雑に塗ってしまう） ●手指を別々に動かすことが難しい、ハサミを使うときに薬指や小指も一緒に動く	p.102
両手動作が 不器用な両手 ブキッチョタイプ （両手の協調動作）	●ご飯を食べるとき、右手は箸を操作し左手は茶碗を持つことが難しい ●ハサミで紙を曲線に沿って切るとき、右手でハサミを操作し左手で紙を送ることが難しい ●折り紙を折るとき、左手で紙の頂点を合わせて右手で折り目をつけることが難しい ●ボタンをはめるとき、右手でボタンをつまんで穴に入れ、左手で受け取ることが難しい ●消しゴムを使うとき、右手で消しゴムを動かし、左手で紙を押さえることが難しい ●定規で線を引くとき、右手で鉛筆を操作し、左手で定規を押さえることが難しい ※この項目は右利きの子どもを想定	p.110
動きを目で 追えない どこいったタイプ （眼球運動）	●サッカーやドッジボール遊びでボールや人の動きを追いかけられない、本の文字を目で追うことが難しい ●間違い探しに時間がかかる、探し物をすることが難しい、板書に時間がかかる、音読で文章が改行されたときに行を読み飛ばしてしまう ●近くのものに目の焦点が合わず二重に見える、物がにじんで見える、手元をよく見て行う活動で過剰に疲れてしまう、集中が続きにくい、遠近感がとらえられない	p.118

●それぞれの項目は、感覚統合の視点から生活上のトラブルを分類したものです。あくまでも例ですので、参考程度に留めてください。当然ながら診断に直接使うことはできません。
●一人の子どもが複数のタイプを併せもっているなど、個人とタイプが1対1に対応しているとは限りません。
●タイプ別に「分類すること」は、あくまでも子どもをより深く理解し、必要な支援を届けるための1ステップに過ぎません。このことにくれぐれも留意して、子ども理解のための一つの視点・道具立てとしてご活用ください。

　NARA感覚統合研究会は、主に保育者と作業療法士で構成されています。保育者と作業療法士には、子どもとその保護者の幸せを願うことや、遊び・生活を大切にすることなど、共通する理念や目標があります。一方で、それぞれの専門職には互いに異なる強みもあります。例えば、作業療法士は「個の遊び」や「活動の分析」を得意とし、保育者は「集団の遊び」や「活動の演出」を得意としています。本研究会は、このような両職種の専門性をかけ合わせてコラボレーションしながら、子どもにとってより「よい」関わりや環境のあり方を模索し、実践している団体です。

　本研究会を立ち上げたきっかけは、2013年より奈良県で始まった作業療法士による園への巡回訪問（「子ども地域支援事業」）や、奈良市子ども発達センターでの療育相談です。保育者と作業療法士がコラボレーションする中で、

保育者からは「作業療法士の子どもの行動や遊びを分析する力がすごい！」
作業療法士からは「保育者の遊びを考えて演出する力がすごい！」

というように、互いの専門性を実感する瞬間がたくさんありました。そして、現場で困っている人々に、両職種の視点をかけ合わせた実践の成果をなんとか届けられないだろうかと考えるようになりました。

　そこで、まずは保育者が子どもに日々提供している遊びを作業療法士が感覚統合の視点から分析し、それらをまとめて冊子にするという取り組みを行いました（大同生命厚生事業団の地域保健福祉研究助成を受けました）。この冊子は奈良市内の園に無料配布されました。次に、この冊子の内容をさらに充実させたものを書籍にして、全国各地の現場に届けようという試みを行いました。その成果が、前書『乳幼児期の感覚統合遊び』（2016年7月）です。さらに、保育者と作業療法士のコラボレーションが様々な現場で展開されることを目標に、半年に1回の頻度でセミナーを開催することにしました。講義に加えて、実際に身体を動かしながら学び、考え、「明日からの実践」につなげることができるよう毎回工夫を重ねています。このセミナーは、2019年6月で7回目を迎えます。

　職種を越えたコラボレーションは、その先にいる子どもや保護者の笑顔につながると私たちは信じています。本研究会の取り組みが、全国各地で子どもに関わる専門職間のコラボレーションを促し、盛り上げるきっかけになれば望外の喜びです。

お問い合わせ　TEL. 075-661-5741（クリエイツかもがわ内）
　　　　　　　　E-mail. narakan2016@gmail.com

テストで100点がとれなくても、走りがクラスでいちばん遅くても、他のところで必ず自分らしさを活かせる場所があるから、どうか、「私は私のままで素晴らしい」と自分に言い続けてあげてほしい。そんな想いでイラストを描いています。

読者の皆様が、支援や保育、子育ての先にいるお子様と共に自分らしく過ごしていけることを心から願っています。

今回『子ども理解からはじめる感覚統合遊び』にてイラストを描く機会をくださった高畑脩平さん、NARA感覚統合研究会様、クリエイツかもがわの皆様、心より御礼申し上げます。

引用・参考文献

ページ	
7	Volkmar, F. R., & Greenough, W. T. (1972). Rearing complexity affects branching of dendrites in the visual cortex of the rat. Science, 176(4042), 1445-1447.
9,12	Ayres, A. J. (1972). Sensory Integration and Learning Disorders. Western Psychological Services (宮前珠子, 鎌倉矩子 (訳) (1978). 感覚統合と学習障害. 協同医書).
13	Harlow, H. F. (1958). The nature of love. American Psychologist, 13(12), 673-685.
27	綾屋紗月 (編著) (2018). ソーシャル・マジョリティ研究:コミュニケーション学の共同創造. 金子書房.
27	Miller, L. J., Anzalone, M. E., Lane, S. J., Cermak, S. A., & Osten, E. T. (2007). Concept evolution in sensory integration: A proposed nosology for diagnosis. The American Journal of Occupational Therapy, 61(2), 135-140.
30	大阪府教育センター (2015). 連続ミニ講座 第3回 合理的配慮と基礎的環境整備. https://www.osaka-c.ed.jp/blog/edu/center/2015/12/15-075928.html (Accessed: 2019/04/23).
33	Dunn, W. (辻井正次 (監修)) (2015). 日本版感覚プロファイル. 日本文化科学社.
57	小道モコ (2009). あたし研究:自閉症スペクトラム〜小道モコの場合. クリエイツかもがわ.
57	ニキ・リンコ, 藤家寛子 (2014). 10年目の自閉っ子、こういう風にできてます!:「幸せになる力」発見の日々. 花風社.
57	立山清美, 宮嶋愛弓, 清水寿代 (2013). 自閉症児の食嗜好の実態と偏食への対応に関する調査研究. 浦上財団研究報告書, 20, 117-132.
59	Reynolds, S., Lane, S. J., & Mullen, B. (2015). Effects of deep pressure stimulation on physiological arousal. American Journal of Occupational Therapy, 69(3), 6903350010.
62	Maslow, A. H. (1943). A theory of human motivation. Psychological Review, 50(4), 370-396.
97	森口佑介 (編著) (2018). 自己制御の発達と支援. 金子書房.

もっと学びたい方への読書案内

[子どもの感覚統合について学ぶ:保護者・保育者向け]

- 加藤寿宏(監修), 高畑脩平, 田中佳子, 大久保めぐみ(編著) (2016). 乳幼児期の感覚統合遊び:保育士と作業療法士のコラボレーション. クリエイツかもがわ.
- キャロル・ストック・クラノウィッツ(土田玲子(監訳)) (2011). でこぼこした発達の子どもたち. すばる舎.
- 土田玲子(監修) (2013). 感覚統合Q&A:子どもの理解と援助のために, 改訂第2版. 協同医書.
- 太田篤志(2017). 手先が不器用な子どもの感覚と運動を育む遊びアイデア. 明治図書.

[子どもの感覚統合について学ぶ:作業療法士・研究者向け]

- Ayres, A. J. (佐藤剛(監訳)) (1982). 子どもの発達と感覚統合. 協同医書.
- Bundy, A. C., Lane, S. J., & Murray, E. A. (編著) (土田玲子, 小西紀一(監訳)) (2006). 感覚統合とその実践, 第2版. 協同医書.
- Case-Smith, J., & O'Brien, J. C. (Eds.) (2014). Occupational Therapy for Children and Adolescents, 7th edition. Elsevier.

[子ども理解の視点を学ぶ:子育て・保育編]

- 中川信子(2014). 0～4歳 ことばと心を豊かに育てる 子どもの発達に合わせたお母さんの語りかけ. PHP研究所
- 近藤直子(2014).「育てにくい」と感じたら:親・保育者のための子育て応援BOOK. ひとなる書房
- 赤木和重・岡村由紀子(編著)(2013).「気になる子」と言わない保育: こんなときどうする? 考え方と手立て. ひとなる書房
- 木下孝司(2018).「気になる子」が変わるとき:困難をかかえる子どもの発達と保育. かもがわ出版

[子ども理解の視点を学ぶ:園への訪問支援・コンサルテーション編]

- あすなろ学園(2010). 気になる子も過ごしやすい園生活のヒント:園の一日場面別. 学研
- 小西紀一(監修), 酒井康年(編) (2016). 発達が気になる子どもを地域で支援! 保育・学校生活の作業療法サポートガイド. メジカルビュー.
- 岡田貴博(監修), 松本政悦, 酒井康年, 本間嗣崇(編) (2018). 地域で働く作業療法士に役立つ発達分野のコンサルテーションスキル. 三輪書店.
- 仲間知穂(編著) (2019). 学校に作業療法を:「届けたい教育」でつなぐ学校・家庭・地域. クリエイツかもがわ.

お役立ちウェブサイト

- **ほいくる (HoiClue)** https://hoiclue.jp/asobi/athletic/all/
  保育や家庭で取り入れられる「子どもと一緒に楽しめる」遊びのアイデアが多数紹介されています。

- **u&i (NHK Eテレ番組)** https://www.nhk.or.jp/tokushi/ui/
  子どもの多様な特性への理解や支援について、子どもと一緒に考えることができる教育番組です。動画教材や指導案が多数掲載されています。

- **京都府作業療法士会 特別支援教育OTチーム** https://kyoto-ot.jimdo.com/
  感覚統合のキーワード解説集や, 学校の巡回相談で使えるチェックリストなどが公開されています。

- **奈良県作業療法士会** https://www.naraot.jp/
  冊子「子どもの育ちを応援する "作業療法士の視点"」などが公開されています。

- **大阪府作業療法士会** http://osaka-ot.jp/
  冊子「発達が気になる子の生活と学習の工夫がわかるテキスト」などが公開されています。

- **鹿児島県作業療法士会** https://kagoshima-ot.jp/
  冊子「作業療法士が考える『生活動作』と『遊び』のアイディア集」などが公開されています。

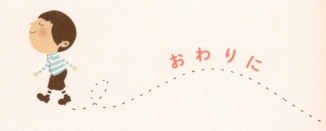

おわりに

　最後まで読んでいただきありがとうございます。本書では、園で見られる子どもの「気になる行動」に焦点を当てました。そして、感覚統合理論の視点から子どもの特性をタイプ分類し、行動の理由と支援の方向性を考慮した上で、集団でできる遊びや環境設定の例をご紹介しました。この「集団でできる」という部分は、作業療法士にとってチャレンジでもありました。作業療法士は、「個の特性理解」や「個に合わせたオーダーメイドの支援」を得意としています。つまり「個別性」を重視する専門職です。一方で、保育現場では、「集団性」や「公平性」といった視点も重視されます。

　したがって、本書の重要なテーマは、作業療法士が提案する「個の特性に基づくオーダーメイドの支援」を、どのように保育現場での集団活動に落とし込むかということでした。この点に関して、机上の空論で終わらずに、実践可能な活動の例を多数示すことができたのは、保育者と作業療法士がコラボレーションしたからこそだと考えています。このようなコラボレーションが全国各地で行われ、その先にいるお子さんや保護者の方に支援の手がしっかりと届くことを切に願っております。

作業療法士を代表して
藍野大学医療保健学部作業療法学科　髙畑脩平

　作業療法士と保育者とのコラボレーションを始めて約5年。このコラボレーションによって保育者の子ども理解がずいぶん変わりました。それによって保育者の心が穏やかになってきたように思います。以前は、子どもに何かうまくいかないことがあると、それは子どもの力量不足なのではないかと捉えてしまうこともありました。けれども、大人も含めて私たちそれぞれに特性があることを知り、その特性を理解するなかで、保育者の伝え方、あるいは環境設定や支援の仕方などがその子どもに即していなかったのだと捉えるようになりました。子どもが安心して過ごせる環境、子どもにとって分かりやすい環境であれば、子どもたちは自ら意欲的に活動に取り組むようになります。子どもに何かを「させる保育・教育」から、「子どもが自ら動き出す保育・教育」へと変わることが大切だったのです。そこで必要不可欠になるのは「子ども理解」で、そのためには、私たち保育者の視点に作業療法士の視点（感覚統合の視点）が加わることがとても有用でした。両者のコラボレーションからなるこの視点が保育・教育の現場に広がり、子ども理解の一助となることを願っています。

保育者を代表して
あいのそのこども園　園長　大久保めぐみ

● 監修
　加藤　寿宏（関西医科大学 リハビリテーション学科 教授）

● 編著
　高畑　脩平（藍野大学医療保健学部作業療法学科 講師　作業療法士）
　萩原　広道（大阪大学大学院人間科学研究科 講師　作業療法士　公認心理師）
　田中　佳子（学校法人カトリック・マリスト会学園　登美が丘カトリック幼稚園　特別支援教育士）
　大久保めぐみ（あいのそのこども園　園長）

● 編集アドバイザー
　嶋谷　和之（奈良県総合リハビリテーションセンター）　上田　　美（合同会社 BASE ともかな　FLOW）
　蔭山　静加（奈良県障害者総合支援センター）　　　　　玉村公二彦（京都女子大学）
　松島　佳苗（関西医科大学）

● 執筆協力者〈作業療法士〉
　松村　エリ（フリーランス）
　河嶋　美織 ／ 狩野　麻里 ／ 宮坂　竜太 ／ 野田　朋美 ／ 河盛由美子
　中井　菜摘 ／ 浅尾　典子　　（奈良県総合リハビリテーションセンター）
　梶谷竜之介（合同会社 BASE ともかな　FLOW）
　笹井　武広（京都大学大学院医学研究科修士課程）

● 執筆協力者〈保育者〉
　飯田　真理 ／ 岡山　恵子 ／ 奥山　　愛 ／ 門田真未子 ／ 川島　若葉 ／ 川西　有紀
　児玉　純子 ／ 須賀　乙恵 ／ 杉山　望 ／ 田中　由佳 ／ 田村　麻帆 ／ 知念　恵子
　東間千鶴子 ／ 歳川　早規 ／ 永峯　桃子 ／ 南　　智美　　　（あいのそのこども園）

あいのそのこども園　〈写真提供〉
〒630-8113 奈良県奈良市法蓮町 986-73　TEL：0742-26-4302　https://ainosonoko.or.jp/

● イラストレーター：渡邉　晶子（akey8r）

子ども理解からはじめる
感覚統合遊び
保育者と作業療法士のコラボレーション

2019年6月30日　初版発行
2025年6月20日　第11刷発行

監　修 ● 加藤寿宏
編　著 ● ⓒ高畑脩平・萩原広道・田中佳子・大久保めぐみ
発行者 ● 田島英二
発行所 ● 株式会社 クリエイツかもがわ

　　　　〒601-8382 京都市南区吉祥院石原上川原町21
　　　　電話 075(661)5741　FAX 075(693)6605
　　　　https://www.creates-k.co.jp
　　　　郵便振替　00990-7-150584

デザイン ● 菅田　亮
印 刷 所 ● モリモト印刷株式会社
ISBN978-4-86342-260-5 C0037　printed in japan

本書の内容の一部あるいは全部を無断で複写（コピー）・複製することは、特定の場合を除き、著作者・出版社の権利の侵害になります。

好評既刊本

乳幼児期の感覚統合遊び　保育士と作業療法士のコラボレーション
加藤寿宏／監修　高畑脩平・田中佳子・大久保めぐみ／編著

好評11刷

「ボール遊び禁止」「木登り禁止」など遊び環境の変化で、身体を使った遊びの機会が少なくなったなか、保育士と作業療法士の感覚統合遊びで、子どもたちに育んでほしい力をつける。　1760円

みんなでつなぐ　読み書き支援プログラム
井川典克／監修　高畑脩平・奥津光佳・萩原広道・特定非営利活動法人はびりす／編著

8刷

繰り返し学習、点つなぎ、なぞり書きでいいの？　一人ひとりの支援とは？　読み書きの難しさをアセスメントし、子どもの強みを活かすオーダーメイドのプログラム82。教育現場での学習支援を想定し、理論を体系化、支援・指導につながる工夫とプログラムが満載！　2420円

運動の不器用さがある子どもへのアプローチ
作業療法士が考えるDCD（発達性協調運動症）　東恩納拓也／著

3刷

DCDの基本的な知識から運動の不器用さの捉え方、アプローチの流れとポイント、個別と集団の実践事例。課題の工夫や環境調整など、周りが変わることで子どもの力は十分に発揮できる！　2200円

子どもと作戦会議 CO-OP アプローチ入門
塩津裕康／著

3刷

CO-OP（コアップ）とは、自分で目標を選び、解決法を発見し、スキル習得を実現する、子どもを中心とした問題解決アプローチ。子どもにとって大切なことを、子どもの世界で実現できるような取り組みで、「できた」をかなえる。　2420円

子どものやってみたい！を育てる みやもっち体育
宮本忠男／著

ちょっと苦手な運動を"やってみようかな"に変えるヒントがいっぱい！ いつものあそびから、その運動に似ている動きを組み合わせ、子どもの「これならできそう」につなげます。
ストーリー性をもたせた「みやもっち体育プログラム」。　1980円

気になる子の秘められた魅力
近藤直子／著

保育の場でよくあげられる、気になる行動を取り上げ、なぜその行動をするのか、どんな取り組みのなかで変化するのかを考える。理由がわかると「みんなと違って気になるところ」を魅力に変える手がかりが見えてくる。　1100円

子どものかわいさに出あう増補版　乳幼児期の発達基礎講座
近藤直子／著

子どもの「イヤ！」にはこころの育ちがかくれてる。
乳児から幼児になる1歳半の節、2歳から3歳の自我、4、5歳のこころ…4講座で発達の基本を学ぶ。小学校低学年・高学年にわけた学童期の発達を追加した増補版。　1320円

発達を学ぶちいさな本　子どもの心に聴きながら
白石正久／文・写真

6刷

「とりあえず、とりあえず」"願い"と"現実の自分"のずれの中で、自分にそう言い聞かせて──。どんなに幼い子どもでも、それぞれの発達時期において、その時期らしい願いをもっている。0歳から5歳までの心と身体の発達の道すじを、たくさんの写真とともにたどる。　1320円

保育園に心理士がやってきた　多職種連携が保育の質をあげる
塩谷索・吉田かける・藤原朝洋／編著

心理士は保育園に新たな機能を加えるのではなく、今ある機能を強化する。要支援児への個別支援が充実し、すべての園児が活動参加できる工夫が生まれる。常勤心理士が保育士と連携し保育の質の向上をめざす画期的な取り組み。　2420円

https://www.creates-k.co.jp/